五十歲之壁

如何跨過職場轉捩點的36條守則

江上剛
賴惠鈴——譯

文經社

目錄

Contents

目錄 Contents

前言

何謂五〇歲之壁？

所謂「五〇歲之壁」，指的是人生在五〇歲時會撞上的牆壁。這道牆確實存在。我本身就在四十九歲的時候，離開前第一勸業銀行（現為瑞穗銀行）❶。辭職理由要多少有多少，但最大的理由在於我不想「說謊」。

離職前，我在銀行內部的晉升算是平步青雲，還有前輩親切地告訴我，只要老實地照經營高層說的做，一定能當上董事。但我並不贊同當時的經營方針，心想要是繼續待在銀行裡，就必須「說謊」，但我非常討厭說謊。

即使僥倖當上董事，如果想繼續往上爬，可能就得遵循不想遵循的方針，對客戶或部下說著違心之論，給他們添麻煩。

我不想過這種生活！一想到這一點，我立刻提出了辭呈。

接下來是驚濤駭浪的每一天。

還以為可以靠當作家、評論家混口飯吃，不料劇情急轉直下，變成日本振興銀行的董事，負責處理因為日本第一起因「存款理賠」（金融機構經營發生問題時，以本金加利息共一〇〇〇萬圓為上限，保證存戶可領回存款的制度）所造成的危機，害我官司纏身，而且一旦敗訴就等於破產，所以差點得憂鬱症，甚至想過一死了之。還好，後來開始跑馬拉松，總算撐過這個危機。

五〇歲之壁會突然出現

現在再回過頭看五〇歲的時光，仍不免覺得：真是要命的一道牆啊。連我都佩服自己居然能翻越那道高牆。

❶日本第一勸業銀行，簡稱「第一勸銀」。原為日本數一數二的大銀行，但經歷了職業股東的醜聞事件，差點解體；之後，與日本興業銀行、富士銀行整併為現在的「瑞穗銀行」。

五〇歲之壁會突然出現在眼前。而且那道牆恐怕是過去從未見過的高牆，高聳入雲，彷彿要把所有試圖攀登的人全都踹落地獄。即使，使出渾身解數，也找不到施力點。

子曰：「五〇而知天命。」為了達到那種開悟的境界，再痛苦也要打落牙齒和血吞，拚命翻過那道牆才行。

年過五〇，任何人都會感覺到體力、精力的衰退，就算嘴上不服輸，多半也只是死鴨子嘴硬。有家庭的人，房貸還沒還清，又得負擔子女的學費，經濟上會很吃緊。在公司裡被批評為占著茅坑不拉屎，沒能身居要職，又動輒得咎。明明一路兢兢業業地努力到現在，卻發現公司裡完全沒有自己的立足之地。會覺得很不安，不知該如何是好。這大概就是「五〇歲之壁」突然出現在眼前的原因。

五〇歲其實是迷惘的年紀。然而，如果只是杵在五〇歲之壁前發呆，解決不了任何問題。如果沒有施力點，就自己鑿出施力點，畢竟你有年輕人沒有的經驗。可能一開始會有點鬆動、不夠穩，不好爬，但是就像水泥灌水會變成堅固的混凝土一樣，只要再加上努力爬牆時所流下的血、淚、汗，就能變成牢不可摧的施力點。只要一步一步往上爬，肯定能爬到可以俯瞰牆壁另一頭的高度。

五〇歲只不過是人生百年的折返點，還不是終點。

但願本書能協助各位翻越五〇歲之壁。

二〇一八年六月吉日　江上剛

第一章

為了不淪為五十好幾的「喪家犬」

1 泡沫之壁

給泡沫世代多點機會

目前五〇至六〇歲前後的職員被稱為「泡沫入行組」，這個名詞聽起來真難聽，彷彿沒有半點內涵的樣子。

日本在一九八八年至一九九二年的泡沫經濟時代，日本真是朝氣蓬勃，氣勢旺盛到號稱可以買下美國。

一九八五年，美國因為財政赤字及貿易赤字的「雙赤字」，導致各國的財政部長不約而同採取讓美金貶值、日圓升值的措施，為歷史上有名的「廣場協議」。

當時的日本首相為中曾根康弘，美國總統是隆納・雷根（Ronald

Wilson Reagan），這兩個人的關係非常好，是可以互稱「隆、康」的友人。有點像是現在的安倍首相與川普總統直呼彼此名字「唐納、晉三」的交情。

美國總統與日本首相互相直呼其名是沒問題，但總覺得像這種時候，美國的要求都很強勢，逼日本接受美國無理的要求。

當時也一樣，中曾根首相為消除美國的「雙赤字」而讓日圓升值，導致國內陷入日圓升值帶來的經濟衰退，日本央行則採取降息政策，使得日圓融資泛濫。為此，中曾根首相試圖推動NTT（日本電信電話）、JR（日本旅客鐵路株式會社）、JT（日本菸草產業株式會社）等國營企業民營化以擴大內需，結果導致銀行源源不絕地提供便宜資金，集中往股票及房地產市場上。

國內出現許多股票及房地產富豪，滿地都是暴發戶，甚至梳著半屏山髮型、穿著緊身衣的女性們，手搖扇子，站在迪斯可（Disco）的舞台上大跳熱舞。

當時我正在東京都內的分店，後來則到總公司工作，每天都忙到凌晨二、三點，再去喝酒，然後搭計程車回家，隔天早上七點又出門工作，即使整個作息都亂掉了，卻樂此不疲。

所有想做的事都能做到，經費愛怎麼花就怎麼花，卻沒意識到這是泡沫經濟。工作開心得不得了，因為開心，所以一點也不覺得累。

當時無論哪家公司，假設往年預計錄取人數為一〇〇人，通常會增加二、三倍到二〇〇人、三〇〇人的規模。

當時的氣氛根本只要是人就好，看在一九七七年，正值第二次石油危機後（一九七九年～一九八〇年代初期）的「就業冰河期」才剛進公司的我眼中，簡直是難以置信的光景。

我去幫忙徵才的時候，聽到人事部的負責人說：「來幾個錄用幾個。」簡直不敢相信自己的耳朵。明明有學生根本達不到錄取標準，負責人卻反過來吼我：「只要會寫名字就可以錄取了。」如同「去程倒好，回程好可怕」的歌詞，那些在泡沫經濟時期採用的人就跟這句歌詞一樣。為何要錄取這麼多人呢？

日本經濟後來起飛得更誇張，全球化、國際化、證券化、系統化等字眼此起彼落，未來無限寬廣。部門的編制愈來愈大，甚至還擔心起未來該不會永遠都缺人手吧。

僧多粥少

然而，泡沫卻破了，日本經濟陷入長期的低迷。泡沫時代錄取的員工在進入公司時來到了人生的巔峰，接下來就一路走下坡。

以銀行為例，沒有新的承辦業務進來，反而只產生了大量的呆帳，而為了回收呆帳，一味地拒絕客戶融資，並強迫客戶還款。

二〇一三年播出後收視率極佳的電視劇《半澤直樹》中，半澤直樹的父親就是在從一九八〇年代後期開始到一九九〇年代初期的泡沫經濟時代自殺的。不管泡沫世代的人為什麼要進銀行工作，總之個個壓力大得不得了。

等到景氣好不容易開始恢復，這次又進入AI（人工智慧）及IoT（物聯網）的時代，沒有位置可以給泡沫採用世代了。

目前，在東京證券交易所部分上市公司，號稱每六個人當中就有一個是泡沫世代的人，完全被當成累贅。最後，甚至還祭出提早退休制度，不惜將退休金提高到好幾千萬日圓，也希望他們能趕快離開公司。

至於在國會討論的勞動改革方案，事實上即是以活化泡沫世代、提高生產力為目的。

如今各行各業的「泡沫採用世代」都成了日本社會勞動方式的問題焦點，能提高這些人的生產力到什麼程度，將成為足以影響企業死活的問題。已經不是為「反正我就是泡沫時代錄取的人」鬧彆扭的時候了。

然而，泡沫採用世代也有他們的優點，那就是他們的忠誠度出乎意料地高。明明過著年少輕狂的學生生活，卻善於面對現實，還具有拚命支持陷入經營困境的公司渡過難關的經驗。

這種人應該得到更多回報，卻成了裁員的對象，公司也太無情了。我認為要滾蛋的應該是尸位素餐的經營者，大家又是怎麼想的呢？

2 讓位之壁

上班族的轉捩點（1）五〇歲重新出發

總之一句話，五〇歲前後一起進公司的人太多了，其中頂多只有二、三個能成為董事。

一定要成為董事，不能永遠霸占著經理的位置，否則大概五十五歲就得面臨「役職定年」（屆齡退休）的問題了。

簡而言之，「役職定年」是把位置讓給年輕人的意思。一旦到了必須讓位給年輕人的年紀，不是轉任公司裡的自由聘僱人員，就是下放到子公司或其他關係企業。

最近與金融廳的高層討論到銀行的將來。針對未來很可能必須大量裁撤行員的話題討論得相當熱烈。當時的結論是雖然要網羅人才，但應該要放他們出去多歷練，趁年輕派他們去各種公司學習經營技巧，回來就會變得很好用。就像讓誕生於河川的鮭魚出去大海，長大之後再回到河川的模式。

這種模式好是好，但是有幹部說：「（銀行裡）有這麼優秀的人才嗎？」雖然這麼說毫無根據，但結論還是「應該有吧」。只要設計出一套就算已經五十多歲，借調去客戶公司後，可以確實做出成果，對銀行本身也有幫助的體制就好了。

真不敢相信在這個高呼人人都可以活到一〇〇歲的時代，居然才五〇歲就覺得未來暗淡無光，之後只剩下索然無味的人生，你不覺得很可惜嗎？**在這個少子化的時代，五〇歲還是很珍貴的勞動力**。就像我，四十九歲才辭去銀行的工作，成為作家。各位也還有機會，得把握機會才行。

明明現在是個世人都說五〇歲還很年輕的時代，在公司裡卻被當成老頭子，為什麼會出現這種反差呢？

難道不是因為五〇歲的經理級人物已經失去對工作的好奇心，緊抓著無謂的自尊心不放嗎？對新業務或新系統漠不關心，擺出「不關我的事」的態度，開口閉口就是「我年輕的時候啊……」或「現在的年輕人啊……」這種話，把自己與身邊的氣氛搞得烏煙瘴氣，所以其他人才巴不得你趕快滾出去。

以一人團隊重新出發

如果是大學畢業就出社會的人，到了五〇歲等於已經進公司二十八年左右。也有人是跳槽進來或高中畢業，所以不是每個人都在公司裡待了二十八年，但肯定也工作了相當長的時間。既然如此，不如重新歸零再出發。五〇歲剛好是最適合的年紀。

靠自己的力量擺脫職位及其他一切，重新歸零，就像剛進公司的時候那樣，從頭開始自己的職業生涯。

在那之前先想好要做什麼，把公司裡還沒做的事做完，正所謂「一人團隊」。意思是到了五〇歲，我可以為公司做出這些貢獻，請公司支持自己。

若因為五〇歲才好不容易升上經理，就小心翼翼地抓住這個職位，一點意義也沒有。請立刻推辭掉這個職位，反正公司對你也毫無期待。或許還是有人會貪戀「經理」這個職位，但是請及早醒悟這真的沒什麼意義。

話說回來，請仔細思考經理職的意義，公司是希望你能完成規模更浩大的工作，才安排你當經理，倘若你只覺得「這樣就夠了」，就應該立刻推辭，不要拖拖拉拉，好好說句「感謝公司的栽培」才是道理，再反過來，要求公司「可以讓我做我想做的事嗎？」

一旦當上經理，時間都要用來開會，以及為部下打考績，這種事無聊透頂，請痛快地擺脫這一切。這可是對公司萬分忠誠的你提出的要求，公司應該會答應。

某家大型飲料廠由離職的前經理組織業務部隊，「化身為一兵一卒來賣罐裝咖啡」，而且好像還讓他們開了新創公司，在那裡開發新的提神飲料，雖然還沒聽到成果，但遲早可以在自動販賣機買到加入了「瑪卡」（Maca）❷的補給飲料也未可知。

我有個認識的人，主動辭職讓出位置，把薪水改為抽成制繼續待在賣車公司。他的理由是「我想要自由」。如今已是賣出最多公司產品的超級業務員。他很滿意這種生活：「再也不用管理部下，真是太好了。」

❷ 瑪卡：植物名，一種印加蘿蔔，產於南美洲安第斯山脈。學名 Lepidium Peruvianum，根莖形似小圓蘿蔔，可食用且營養豐富。市售商品多強調可壯陽，但並沒有研究證據顯示瑪卡與促進男性的性能力或勃起障礙有顯著關係。

3 勞動改革方案之壁

上班族的轉捩點（2）由自身開始改革勞動方式

勞動改革方案的議題，在二〇一八年春末夏初的國會上討論得十分熱烈——解除加班費及加班時間限制等，高度專業的制度面議題引起廣大的討論——針對責任制的討論尤其熱烈。

討論的過程中，還為厚生勞動省❸提出的彈性工時與一般工時的比較資料，是出於完全不同的基準點來做比較，無法以此做成文字資料而吵成一團。最後，安倍首相放棄在二〇一八年春天的國會引進責任制，厚生勞動省也必須為資料的不正確負起責任來，看來是暫時無法引進責任制了。

以下，讓我們稍微思考一下責任制。

這是由資方構成的財團強烈要求政府導入的制度，雖說勞動方式琳瑯滿目，但我看見其背後藏著刪減人事費用的私心，所以無法舉雙手雙腳贊成。資方為何想盡一切辦法要推動責任制呢？原因在於他們不知道該如何善加運用泡沫世代的員工。他們的用意無非是採取責任制，對加班設下一定的限制，來提高生產力。然而，這麼做真的能善加運用泡沫世代的員工，也就是公司裡的中高齡員工，提升起他們的生產力嗎？

依成果而非勞動時間來為員工打分數，成績好的人才能出人頭地……。想也知道泡沫世代原本就一直處於這種狀況。

當然，在工廠上班的人要打卡，勞動時間是固定的。只不過，人稱「白領」的行政、企畫、業務等人員就很難說了。泡沫經濟崩潰後，資方一直是以成果來考核員工，開口閉口就是「給我提升業績」、「你是來公司玩的

❸ 厚生勞動省：日本內閣的厚生勞動省，雖類似台灣的勞動部，但其主要業務範疇更為廣大，其包括：健康、醫療、兒童、育兒、福祉、看護、雇用、勞動、年金等領域。

嗎？」、「薪水小偷」等難聽的話。幾乎讓人得憂鬱症，尖叫著：「不要再給我打分數了！」

根本用不著引進責任制，工作這種事本來就很難報加班。以我為例，當我還在銀行上班的時期，根本沒有「打卡」這玩意兒，早出晚歸是再自然不過的事，我從來沒報過加班費。現在回想起來，真希望那個時候就能改革勞動方式。

成果會換來評價

中、高齡員工看到這裡或許會翻白眼，想說：「事到如今才要用成果來考核，說什麼傻話啊？」或許還會生氣，認為過去明明是他們一直用成果來支撐著公司，公司未免太以小人之心度君子之腹。

是泡沫世代想方設法陪公司度過了那段被稱作「失落的二〇年」的日本經濟超低迷時期。日本的經濟並不是因為泡沫世代才低迷，只是泡沫世代的職業生涯剛好與那段時期重疊。反而是泡沫世代發揮出對公司的忠誠，努力不懈，日本經濟才沒有垮掉，所以不是應該更珍惜泡沫世代的員工嗎？

泡沫世代絕非只是在公司裡消磨時光，用時間換取薪水。毋寧說剛進公司的年輕員工才多得是薪水小偷。

下班時間一到返家，不加班，也不挑戰新事物，認為「只有勞動階層才需要把時間賣給工作」，這樣想的人多得是。就是因為有這種部下，泡沫世代的壓力才會愈來愈大。泡沫世代的員工們，現在立刻站起來吧！大聲強調泡沫世代才是對公司最忠實、工作品質也最高、最熱心工作的員工。

一旦用成果來考核，傷腦筋的反而是年輕人。泡沫世代早就已經習慣了，請盡量用成績來考核他們吧！另一方面，也請讓他們放手去做可以提升成果的工作。而且希望身為泡沫世代的大家至少都要有這樣的野心。

對資方言聽計從、讓受薪階級一肚子怨言的勞動改革方案根本沒有任何意義。**到了五〇歲，請主動改革自己的勞動方式，凡事都先試試看再說，這才是「知天命」的年紀該做的事**。

4 借調之壁

上班族的轉捩點（3）借鑑「窩囊的五〇歲」

年過五〇，人生在世一路走來的經驗值差異將會一五一十地顯現出來。人格、教養、財產等等，到了這個年紀，一切都是經驗值的累積，騙不了人。

我指的是男性。一旦到了五〇歲，就連吃個飯，食物的殘渣都會留在齒縫間，用牙籤挑出來，直勾勾地盯著挑出來的殘渣，再放入口中一口吞下。然後，慢條斯理地喝茶，用茶水唏哩呼嚕地漱口，再把水嚥下。要是吃完午餐，在年輕女性員工面前做出以上的動作，肯定會被嫌棄到不行，沒人會說你可愛，只會發出「好噁心！」的尖叫聲。

滿不在乎地放屁、試圖用無聊的冷笑話炒熱氣氛、去 KTV 一定要男女對唱、有孫子的人一開始炫耀就停不下來，再不然就是長吁短嘆地說自己的老婆有多可怕、多嚴格，自己被老婆吃得死死的……，把自己的醜事當成笑話講。

搭電車的時候還以為這個人在做什麼，原來是正用手機看色情漫畫或打電動，自以為這樣就能跟得上時代。年輕時明明很瀟灑，為什麼年紀愈大，外表反而愈邋遢呢？明明應該變成成熟有智慧的中年男子才對，但是表現卻愈來愈不像樣。

內在也一樣，愈來愈猥瑣。首先會變得保守。現在的地位即使微不足道，也緊抓著不放。一旦變得保守，人就會從內在開始崩壞。

對升遷不滿而引發的「痴漢事件」

當我還是銀行的公關部副部長時，發生過一件事，那就是行員的猥褻行為。那個行員畢業自東京大學，很優秀，但升遷的速度並不快，好不容易升到分行經理，但那個分行的規模並不大，亦非主力。

他心裡累積了很多怨氣，總是向四周的人抱怨升上董事的前輩或同期：「那傢伙明明比我笨。」後來他被派到某家公司，是家很有名的公司，然而職位並不是董事，只是個經理。

有一天，公關部門收到他被當成色狼逮捕的消息，眾人皆跌破眼鏡。

哇！這下慘了！

我拜託總務部聯絡警方、搜集資訊，再打電話給負責人事的人資總監，請他立刻去見該員借調公司的社長，由我安排他與借調公司的社長見面。我與人資總監一起趕到社長家，總監為發生此等事向社長致歉。

原來是該員喝醉酒，對電車上的女性乘客拉開了褲子的拉鍊。

當然，我們也可以帶該員回銀行，但人資總監低聲下氣地對社長動之以情，希望社長可以大人大量，讓該員繼續留在公司裡，因為他現在只是暫時借調，遲早會轉籍❹。社長很有人情味，說只要沒惹出什麼太大的問題，該員可以繼續待在那裡工作。

集律師、警方之力，終於與對方達成和解，該員也免於牢獄之災。因該員遲遲不肯說出上班的公司，讓警察有點不太高興，但總算是平息這場風波了。後來他轉籍到當時借調的公司，等風頭一過，就被派去國外了。

為何他會做出猥褻行為呢？全都是因為他積怨已久。引起騷動那天，銀行宣布了新董事，他也身處借調公司的酒會中，還喝了不少酒。自己當不上銀行的董事，卻必須面對「白癡後輩」當上董事的事實，導致他喝得爛醉，搭電車回家途中，一股尿意襲來，以為自己正在做夢，才會拉開褲子的拉鍊。

八卦記者聞風而來，將此事寫成報導，我聲稱「他是在做夢」的發言，還被別家銀行的公關稱讚了一番。這不是重點，我的意思是，他就是抓著過去的成功不放，才會發生這種事。

過去是過去，現在是現在。人不管活到幾歲，都必須看清狀況，因時制宜才行。

❹ 勞工先終止與原雇主的勞動契約，再與新雇主簽訂新的勞動契約。

我再舉一個例子。這個人也是東大畢業，始終無法在借調的公司安身立命。他一心認為自己是菁英，還在銀行時，每次參加與企業的交流會，必定會提起自己去美國留過學，和東大的學長、學弟、同學都在大藏省（為今「財務省」之前身）或日本央行內身居要職的事。

同樣在場的我，經常看見對方偷翻白眼的模樣，所以想幫忙轉移話題，但他的話匣子一打開就關不起來，從頭到尾都在自吹自擂。

我還以為他一定能當上董事，沒想到非但沒當上，還被借調、轉籍到子公司。雖說是外派，但調派的地方也是一流的上市公司，說是破天荒的好運也不為過。

但他本人大概不滿意，也無法忍受自己未能成為銀行董事，所以在借調的公司也不斷誇耀自己在銀行工作的事，諸如「我那個時候啊……」結果不到一年就被打入冷宮。此後，連續轉調到其他公司（銀行也是有溫情的呀！）都不是很順利。目前，聽說在銀行的關係企業上班。

人間到處有青山

總而言之，若是死抓著過去的光環、學歷不放，內心就會腐敗。內心一旦腐敗，或許就會自然而然地用牙籤剔牙、以茶漱口了。

借調、轉籍是上班族的宿命。光是還有地方可以借調、轉籍就該謝天謝地了。只要乖乖認命，**以「人間到處有青山」的心態工作，或許就能找到截然不同的新天地或人生樂趣**。

5 降職之壁

上班族的轉捩點（4）辭職還是撐下去

上班族到了五〇歲，十之八九都能看清楚出人頭地的可能性，也有人被調到無關緊要的職位，開始煩惱：是要「留在現在的公司，穩定地領份死薪水，別想指望在工作中找到樂趣」，還是要「踏出新的一步」。

如果是在有點規模的公司，只要表現得夠優秀，五〇歲差不多就是要當董事的年紀了，可是沒有人能保證表現得夠優秀就能當上董事，多的是因此受到嫉妒，被人處處針對，反而出不了頭的例子。能力不怎麼樣卻擅長逢迎拍馬屁的人，升官發財才是人情之常。也曾經有人告訴過我，我一定能當上董事，萬一留在銀行，繼續被處處針對，卻還是無法當上董事，我一定會怨天怨地怨別人。

姑且不論我的事。凡是上班族，遲早有一天要從第一線退下或調到無關緊要的職位，應該認命接受。話是這麼說，但是業績比同時進公司的人好太多，要是在身邊——尤其是部下，也希望你能出人頭地的狀況下，被調到無關緊要的職位，肯定很不甘心。既然如此，會覺得不如乾脆擺爛（這是失禮的表現，真不好意思）也是人之常情。

可是啊，最好還是想清楚。

我因為發生過很多事，四十九歲就離開銀行，但五〇歲以前跟五〇歲以後，是完全不同的兩個世界。五〇歲之前，還有力氣振翅高飛，萬一失敗也可以重新來過。孩子還小，還不到要花錢的年紀；老婆也還年輕，應該會支持自己吧……。那是五〇歲以前。

一旦年過五〇，風景就完全不一樣了。體力衰退，華髮早生，也失去衝勁，就連小便的力道都變弱了（不好意思，這個例子，只有男人才能理解吧）。孩子上了大學，生活費比以前多，房貸也還有一千萬圓以上（根據某項調查，年過五十如果還有房貸，大概都剩下一千萬圓以上）。

但是就算留在公司裡，又沒有出人頭地的指望。一再被後輩追過，只剩下滿肚子的怨氣。好想辭職，但是一旦辭職，或許馬上就會流落街頭。可是、可是……沒完沒了的可是。

在職業介紹所遇見的喪黑福造

我曾經去職業介紹所諮詢過，結果諮詢員朝我破口大罵：「你太天真了！」因為我在職業介紹所的申請文件的期望年收入欄位中，寫上我在銀行上班時的收入金額。

諮詢員宛如卡通〈黑色推銷員〉的主角——喪黑福造一般，伸出手指對我說：「就算現在再缺人，一旦過了五〇歲，每多一歲，找到工作的機會就會減少百分之十，因此一旦年滿六〇歲，機會就會變成零，變成零喔！」

諮詢員問我：「你會做什麼？」

我回答：「我做過分行經理，業績很好。」

「分行經理要做什麼？」

「……」我沉默不語。

鼓勵部下，使其達成目標是分行經理的工作嗎？除此之外，還有什麼？教育部下嗎？我想了半天，但什麼也答不上來。

「你能從頭規劃人力資源管理嗎？」

「……」我再度沉默。

人力資源管理？我待過人事部，但是沒規劃過那種東西。

「不會嗎？」喪黑福造一臉不悅。

「要我規劃的話，我會全力以赴……」明明是自己的事，我卻回答得毫無自信。

「我不曉得你在以前的公司有多厲害，但是那又怎麼樣。經由職務分析了解自己有什麼技能，才是致勝關鍵。如果是年輕人，薪水低，又可以為公司賣命很久，但是你已經超過五〇歲，來日無多，薪水又高，這種交易你覺得划算嗎？」

「……不划算。」

「對吧。想也知道，就像沒有人會去又貴又難吃的餐廳吃飯一樣，你現在就處於這種狀態。請先冷靜地思考自己會做什麼，想好再來。」

喪黑福造退回我的文件。我完全被打敗了。

若說我從此下定決心「只能當作家了」是騙人的，但我真的大受打擊。

現實就是我沒有市場價值。

我在人事部、公關部都只是身居高位，問題是我根本不知道具體要做什麼。我本來還多少有一點自信。畢竟我對公關部，尤其是風險管理特別有成績，因為職業股東事件❺時，還在業務監查統括室和黑道大吵一架，大家都說我是「非常搶手的管理者」，但這一切都只是我的自以為。

大部分的人到了五〇歲都會遇到相同的困境。要是不相信，不妨去職業介紹所諮詢一次看看，就知道沒有人要的現實有多絕望。

我認為巴著公司也是一種才能。

依據近年的修法，六〇歲的退休制度延長到六十五歲，能夠請領年金的年紀也一年比一年往後推。我的建議是「緊緊地巴著公司不放吧，這一點都不丟臉」。如果這樣還想辭職，至少要搞清楚自己到底想做什麼、能做什麼。

第二章是我給「再戰派」的建議，第三章則是給「辭職派」的建議。

❺ 此處指是「第一勸銀総会屋事件」。日文的「總會屋」是指類似黑道的職業股東，常在企業股東會上以各種方式脅迫經營方，以取得不當獲利。「第一勸銀總會屋事件」便是職業股東向第一勸業銀行索取不當得利十數年的醜聞案，此事亦成為第一勸銀後來遭整併的原因之一。

第二章

上班族的第二春從五〇歲開始——
給「再戰派」的建議

6 「成就感」之壁

所謂工作，就是自己的容身處

工作非常不可思議，收入不盡然是工作的第一考量，「成就感」也很重要。成就感的定義因人而異，不見得完全是自己的容身處。

容身處指的是讓大家知道自己的存在，認同、認可自己的地方。

霸凌始終無法從學校絕跡，當對方不存在的「排擠」，則是最陰險的霸凌手法。自己的存在不被認同，會讓人感到強烈的孤獨，甚至想進一步斷絕與其他人的來往，最後走上絕路。

這點在公司裡也一樣，在公司裡失去容身之處的人會很悲慘。任何人都無法待在長期被別人視而不見的職場上。過去有一種叫做「窗邊族」的存在，指的是被公司列為裁員對象的人不肯辭職，日復一日地坐在窗邊無所事事地混吃等死。

這其實也帶有懲罰的意味。

為了讓員工知道公司是真的「不需要你」，要員工面壁而坐，辦公桌上連電話都沒有，當然也沒有人會跟那個人說話。簡直就像達磨大師面向洞窟的牆壁坐禪、修行、開悟那樣，但是公司這麼做並不是為了要讓員工開悟，而是要讓員工知難而退。這個懲罰會持續到員工感到絕望「算了，辭職吧」為止。這真的很痛苦，要是沒有要跟這麼過分的公司奮戰到底的強烈決心，絕對受不了。

由此可知，如果問我工作是什麼，無非是「自己的容身之處」。一旦確保了自己的容身之處，就能與其他人建立關係，進而產生「成就感」。因為會湧出想得到其他人認同、想被愛、想受到稱讚的欲望，結果將與收入畫上等號。

想當然，也有人把收入看得比什麼都重要。表現出自己要多少錢才肯上工的態度，對方也願意提供保證收入。這種人是一開始就已經有了容身處的天之驕子。

舉例來說，像是實力獲得其他人認同，被稱為「專業經理人」的人。然而，這種事跟年過五〇歲，未來不是外派就是必須讓位給年輕人的「普通上班族」無關。

萬一容身處的台階不見了

剛進公司的時候，為了確保自己的容身處，拚命地在自己的職位上努力。即使之後繼續被賦予新的職位，依舊努力地想要確保自己的容身之處。如此這般，慢慢地在公司建立起自己的地位，一步一步地爬向通往人上人的台階，爬著爬著，樓梯突然不見了。

哎呀！差點就踩空了。回頭看自己一路爬上來的台階。嚇死人了，什麼都沒有。自己正置身於一無所有的空間。

通往容身處，原本還在的台階突然消失了，前無路、退無步。至於，過去經歷過的那些職位，不是自己已經不要了，就是公司已經不要你了。不管怎樣，你正處於漂漂蕩蕩的狀態。

我本身也有過漂漂蕩蕩的經驗，相隔十五年，從總公司調到高田馬場分行當經理的時候，周圍的人都說：「小畠（作者的本名）這下子也玩完了。」我曾經在總公司處理過職業股東事件，在銀行界算是小有名氣，大家都以為我在總公司裡應該能得到相應的職位。再加上當時正處於與富士❻、興銀❼討論企業合併的風頭浪尖上，所以也有前輩警告我：「安分一點，我會想辦法讓你回總公司。」我也沒想到自己「居然會」成為分行經理，若說我對將來不感到迷茫絕對是騙人的。即使接下分行經理的人事命令，公司也完全沒指示我要如何經營那家分行。

❻富士銀行；已於二〇〇二年與第一勸銀、興銀合併為日本瑞穗銀行。
❼日本興業銀行；已於二〇〇二年與第一勸銀、富士合併為日本瑞穗銀行。

我思考著該如何保住自己的容身之處，所幸故鄉的人及各位分行的行員都很支持我，所以我工作得很開心。

簡單一句話，一旦年過五〇，就要尋找自己的容身之處。要是永遠都巴著公司說：「請給我容身處。」肯定會漂漂蕩蕩地找不到立足點，被丟到失重的空間裡，連條鋼絲也沒有。

進行名片的「盤點」

自己能找到容身處嗎？

也有人會不安吧，那是當然的。因為以前一直待在公司，當作自己的容身之處，如同動物園馴養的猛獸，關在籠子裡，定期地給予飼料。如果不想餓肚子，就得老老實實地對園方說的話言聽計從。要是園方不給飼料，猛獸大概會破籠而出。

你也一樣。至今一直以聽話為條件，來換取容身處（這裡指的是你在公司裡的存在價值，而不是職位）。然而，**過了五〇歲，公司再也無法提供你容身之處。既然如此，你不是應該喚醒自己與生俱來的獸性嗎？**

不妨讓長久以來沉睡在你心中的野心甦醒過來。

第一步就是要整理名片。

截至目前的上班族人生應該讓你認識許多人，光是名片就足以堆成一座小山。最近手機也有可以用來整理名片的軟體，只要能看清楚就好，用那個也無妨。

看到堆積如山的名片時，大概會再次感受到自己的上班族人生有多麼充實。名片會帶給你莫大的信心，也會讓你與生俱來的野心在心裡抬頭。

第二步是丟掉那些名片。

並非不管三七二十一地全部丟掉，而是把那些將來有助於喚醒你的野心、願意看到最真實的你、曾經真心誠意地與你共事的人的名片留下。

這就是名片的盤點，亦即人際關係的整理。請乾脆地丟掉那些只是把你當成公司走狗的人的名片吧。

這麼一來，你還剩下幾張名片呢？比想像中多？還是少？

沒錯，我剩下的名片比想像中還少。剩下的名片都是曾經與我共患難的人。也留下當我忙於處理職業股東糾紛，嚴肅地面對這件事的報紙、電視、雜誌等記者及新聞工作者的名片，並且我將其分成採訪我的人、被我採訪的人。當然，我也留下了在分行的第一線，與我共同努力重建的經營者及部下的名片。另一方面，我丟掉了大部分的客戶名片，但這也是必然的結果。

第三步則是重新與剩下的人建立關係。

可以去找他們，聊聊以前的事。就拿我來說好了，很慶幸陸續有人主動聯絡我，使我可以去找那些人，重新與他們打好關係。尤其，感謝媒體圈的朋友幫我介紹許多寫作或評論方面的工作。總之，就是要重新建立人際關係。

我因此明白了一件事，那就是對方也抱著與我相同的信念。換句話說，就算我離開公司，對方也願意繼續和我當朋友。這麼一來，釋放心中獸性的準備，就大功告成了。

這是每個年屆五〇的人一定要做的準備。

做好準備之後，就算你在公司裡失去容身處，但是拜盤點過去人際關係所賜，必定能與那些人展開一番新的局面。我的意思並不是要你和他們開一家新公司。

而是，你並不孤單。孤獨與孤單不同，孤獨可以讓你有時間自省，增加你的深度；孤單則是失去容身之處。萬一你真的成為裁員的對象，你可以和那些真正愛你、尊敬你的人好好談談，避免被孤立，由此得到踏出新一步的勇氣。

這點非常重要。只要能踏出第一步，接下來只管勇往直前，路會在你面前不斷地拓展開來。

7 屆臨退休之壁

脫離升官軌道的人才是贏家

一輩子都當個記者——這句話聽起來多美好。自從我去了公關部，交到很多報社或電視台當記者的朋友。

記者進報社或電視台是為了寫報導，但是曾幾何時，很多人離開採訪現場，當上總編、局長、次長等管理階層，不再做報導，還有人成了董事。媒體業也跟一般上班族的公司沒兩樣。

當上管理階層以後，就不再撰寫報導了。如果是總編輯，還是會檢查報導，但基本上不會自己寫。

有一種職位叫「編輯委員」，立場相當於公司裡的自由撰稿人，負責撰寫與自己擅長的領域，例如：經濟、健康、環境等問題有關的報導，但不會像我這樣每天被截稿日追著跑，也沒有每個月要同時做好幾本書的業績壓力。

某位記者朋友被摘掉報社經濟線部門的部長官階，成為編輯委員。

「我被擠出升官之路了。」朋友向我發牢騷。

他在大學畢業後，先進一般公司行號上班，但是又無法放棄對媒體工作的嚮往，幾年後考進大報社。經濟是他的專業領域，對教育也充滿熱情，懂得很多，所以順利地出人頭地，當上經濟線的部長。

「離董事只有一步之遙呀！」

我曾經語帶調侃地說，他也正經八百地回答：「我會加油的。」顯然他也想出人頭地，「一輩子都當個記者」非他所願也說不定。

然而，天不從人願，董事的職位沒他的份，反成了編輯委員。因為他已經年滿五〇歲，必須讓路給年輕人。

「我還以為可以爬到更高的地方。」他十分沮喪。

我約他去喝酒，開解他：「這不是很好嗎？過去的就讓它過去吧。就算當不上部長，只要做自己想做的事不就好了。還可以擺脫管理部下和幫主管擦屁股的雜事，也不用在乎報紙的銷量或報社的業績。

而且每個月都能領到薪水，出差的費用也能報銷，需要什麼雜誌也能以公費購買，還能用公司的錢蒐集資訊。雖然沒有自己專用的祕書，但還是有負責照顧編輯委員的祕書，這種工作真是羨慕死人了。

哪像我，全都得自己來，而且收入還不穩定，我都想跟你交換了。」

他半信半疑地說：「真的嗎？」對部長職和更上面的董事職位還是滿心留戀。

又過了一陣子，當我再見到他，他卻笑容滿面，感覺原本緊繃的表情也放鬆下來。

「在那之後過得如何？」我問道。

「我照你說的轉了個念頭，結果看見了光明的未來。」他眉飛色舞地說。

一問之下，他說他起初的確很不甘心，認為自己在升官的競爭中敗下陣來。他從小就很優秀，從未輸給任何人，成為報社記者後，雖然沒想太多，但也沒缺席過與同事的競爭。

就這麼戰無不勝、攻無不克地走來，直到有一天，他突然被排除在戰場之外，肯定會感到十分挫敗吧，我可以理解他的心情。在意志消沉的情況下，他想起我的建議，轉換了心情。簡單地說，就是**放下過去**。**不再爭取出人頭地的機會，下定決心做自己想做、還沒做完的事。如此一來，心情突然變得很輕鬆**。

他開始蒐集過去一直想處理但因為太忙而沒空處理的教育方面的資料，一面擔任網路新聞的評論家，忙得不可開交。

「我終於能出版與教育有關的書了。沒想到被擠出升官之路竟有這種好處。」看到他一掃陰霾的表情，就連我也替他感到開心。

上班族的第二春從五〇歲開始

像他那種待在一流企業的上班族，就算**年過五〇，被逼交出職位，只要**

換個角度思考，就能重新來過，這稱為「上班族的第二春」，未來還有大好人生。只要能放下過去、調適心情即可。

我做的選擇要比他艱難多了，雖然幸運地找到寫作的工作，天曉得什麼時候會失去這份工作。

最近，我也經常用 iPad 下載電子書來看，電子書很方便，只要試過一次，就不想再拿著厚重的書移動。前陣子，我搭達美航空去美國，鄰座的美國人用 iPad 下載一堆推理小說，在飛機上看。美國人拿著厚厚一本精裝書在機場內昂首闊步的身影，已經是過去式了。

一旦出版成電子書，我們作者的版稅也會變成以下載數量來計算，所以沒人看的話，收入就無法增加。基本上，我的書都出版成電子書，但還是以書店賣出的數量為多。萬一進入只剩下電子書的時代，像我這種沒什麼忠實讀者的人大概會完全被淘汰吧，真是個嚴峻的時代！

相較之下，公司反而是比較穩定的地方，只要能做想做的事，讓位給年輕人又有何妨！光是不用再管理部下、看主管的臉色，壓力就會少很多了。

為了健健康康地長命百歲，請換個想法、放下過去，年過五〇就把位置讓給年輕人。

讓位給年輕人，正式展開上班族的第二春，好處還不只如此。

我認識一位大藏省官僚，他還在上班的時候，大藏省還叫做大藏省，如今卻變成財務省。他當到局長，大家都說他一定能當上次長，因為他進入大藏省時的成績十分優秀。

沒想到，他卻被捲入金融界的醜聞。他並未接受招待，只是因為「住宅金融專門公司（住專）」引起問題，把國會搞得天翻地覆時，他剛好是銀行局長。他是個正直又務實的人，沒有那麼多的政治野心，老實地承認大藏省❽在金融行政作業上，確實有疏失，因此當住宅金融專門公司的問題告一段落後，升官之路也斷了。

他離開大藏省。現在要把退休官員安插到民間企業變得比登天還難，但

❽大藏省；曾是日本政府最高的財政機關，但自二〇〇一年起改組為「財務省」。

當時還很稀鬆平常，願意接收銀行局長的單位多得是。然而他卻拒絕上頭的安排，選擇去當大學教授。

當時，他曾經對太太這麼說：「我要當大學教授。可能從此沒車、沒祕書、收入也比不上從前，這樣也沒關係嗎？」

大部分的高官都會到處空降一家又一家民營企業的肥缺，以彌補以前當官僚的低薪，利用退職金來壯大自己的財富。

「做你想做的事吧。大學教授挺好的。這是你人生的第二春。」他太太十分贊成他去當大學教授。

於是他五十六歲離開大藏省，轉往大學教年輕人金融。我在他當教授的時候見過他好幾次，他看起來容光煥發，逍遙自在。

正因為放下過去，才能享受人生第二春。接下來的人生將活在與升官無緣的世界，做自己想做的事。隨時都能豐富自己的人生，就看你怎麼想。

8 升官之壁

「升官」不等於「能幹」

大家都以為升官的人就是「能幹的人」，但你其實很不以為然吧！

「為什麼那個人會被踢出去？為什麼那種人能當上董事？」

「這家公司只有無能的人才能當上董事呢！」

你想的沒有錯。明明年輕在第一線工作時極為優秀，但隨著升上課長、部長、董事，上班族會變得愈來愈無能。因為，如果你不變得無能，就無法在公司出人頭地。能力太好的人會遭主管嫉妒，一定會被打壓。我不禁想起某位經營者說的「棒打出頭鳥」。

「經營者能不能得到一個優秀的副手，至關重要。但是比起優秀的副手，經營者更看重對自己忠實的部下。這麼一來，公司不知不覺地就走下坡了。」

「能幹的人」之所以不能出人頭地，是因為招來了上司（經營者）的嫉妒。唯有能巧妙避開上司嫉妒的人，才能出人頭地。

從戰國時代開始，這種實例就屢見不鮮。直到現在，還有很多被譽為「經營之神」的經營者，年過八〇還站在公司的第一線，炒掉一個又一個社長，這樣的公司非常地多。在這種公司裡，每個人都要戰戰兢兢地窺看經營之神的臉色。在這種狀態下，如果是大企業，業績很快就會明顯惡化，逐漸衰退。

誰能笑到最後

大部分的人即使剛進公司時，都是「能幹的人」，不知不覺間也會變成所謂的泛泛之輩，被擠出升官之路。畢竟，同時有一〇〇人進公司的話，能成為部長的大概連十個都不到，董事的名額更是寥寥可數。但也不必因此感到不甘心或不如人。

以下是我個人的經驗，我還在銀行人事部工作時，曾經聚集被擠出升官軌道的員工對他們上課，如何「善用」他們，是企業經營上的重大課題。我一馬當先地鼓勵他們，但是問過他們的生活後，我的氣勢逐漸削弱下來。因為我發現他們的家庭生活非常圓滿，把看重家人、與子女一起遊玩視為天經地義。有人當少年棒球隊的教練，也有人當社區義工的領隊，反觀我自己呢？

只顧工作，不管家庭，也不陪孩子玩，跟社區完全沒有交集。我不由得深深反省，到底是我比較幸福，還是他們比較幸福。妻子曾經對我說過好幾次：「再怎麼努力工作，公司也不會變成你的。」還說：「只會害你搞壞身體，再把你一腳踢開……。」

「升官」不等於「能幹的人」，「升官」也絕對不等於「幸福」。公司並不是人生的一切，反而是離開公司以後的人生，還比較漫長。能充實地度過未來漫長的人生，才是能笑到最後的人。比起把一輩子奉獻給公司，像他們那種重視家庭及人際關係的人，才能笑到最後也說不定。

9 工作方式之壁

辭職後才了解公司的可貴

待了很久的公司之所以可貴，在於由「熟悉」帶來的「舒服」。

四周都是知心的工作夥伴，也建立了你起個頭，對方就知道如何接續的人際關係。雖然多少要負一點風險，勇於挑戰，就算失敗，只要別把公司搞到破產，也能以「勇往直前」的態度受到好評，還能與董事或部下一起去喝酒、打高爾夫，暢談「以前的回憶」等等。由安全感帶來的舒適，正是公司的可貴之處。

讓我這種自由工作者來說，公司最可貴的地方莫過於生病請假也能領薪水。一旦離開公司，萬一生病，客戶也只會說「再會啦！一切到此為止。」

話雖如此，我還是不顧一切地辭職，刻意不去面對公司有多麼可貴。

要說逞強確實是逞強，比喻得難聽一點，那是因為我不想「死到臨頭，再來為過去的事後悔」。

我告訴自己，一旦辭職，就不要再回頭看了。要是留在公司，當上董事，就不再是一般員工，肯定能爬到董事以上的職位……。就算這樣悔不當初，也於事無補，不是嗎？

不是只有我會後悔，大部分沒當上董事就辭職的人，看到自己的後輩陸續成為常務或專務董事，肯定會忿忿不平地想說：「連那傢伙都能當上常務或專務，為何我連一般員工都待不住！」就像我，透過報紙上的人事消息得知以前成績不怎麼樣的同事、後輩，成為社長或董事，也會產生「欸，那傢伙……」的念頭，說起來慚愧，那個「欸」肯定充滿了我的嫉妒和眼紅。

因此，一旦辭職，就要完全忘記以前的公司。請務必遵守這個遊戲規則，不然對精神健康也不好。尤其當以前的公司是上市公司，情況會更加嚴重。明明已經辭職換工作了，一進新公司還逢人就說：「我曾經在股票上市的A公司上班，這是我在A公司的作法。要是我繼續留在A公司，現在已經是專務董事了。這家公司的作法太落伍了，A公司才不會這麼做。」對方肯定會氣得跳腳。

即使沒把「以前的公司這麼好的話，怎麼不回去」這種話說出口，心裡也會對你大打折扣，永遠不會接受你成為公司的一員。

這種人很多，而且通常都是在以前的工作做得風生水起，莫名其妙被裁員，不得不黯然離去的類型對以前的公司還念念不忘的人就跟幽靈沒兩樣。

不知各位相不相信幽靈的存在，幽靈都是因為對人世間還有留戀才無法成佛。就像人若死於意外，多半都無法成佛，而是變成幽靈，出現在死不瞑目的地方。

倘若你一直放不下前公司的恩惠，可能就會化為幽靈。對以前的公司戀戀不捨，變成幽靈，在人世間漂漂盪盪，這未免太可憐了。

因此我的建議是，既然離開公司，就算逞強，也不要再懷念以前的公司比較好。

人生沒有白費功的事

我雖然把話說得很硬，就算逞強，也不要再懷念以前的公司，但我心裡也很清楚公司的可貴之處。

我在學生時代曾經是作家井伏鱒二❾老師的學生，一提起大學時代的快樂回憶，話匣子就關不起來，但這件事以後有機會再說。井伏老師告訴過我：「小說什麼時候都能寫，請先把工作做好。大阪是商業城市，要先學會做生意。」

仔細想想，確實沒有人會建議別人從事寫作這種有一頓沒一頓的工作，所以這句話非常適合送給即將成為銀行員的我。

順帶一提，我第一個走馬上任的地方就是大阪。我聽從老師說的話，努

❾ 井伏鱒二；活躍於一九三〇至六〇年代日本文壇的知名作家，同時也是《人間失格》作者太宰治的恩師。

力做好銀行員的工作。工作了二十六年後，辭職成為作家。

井伏老師說的一點都沒錯，我就是因為當過銀行員，才會寫小說。正因為在銀行上過班，我才寫得出處女作《無情銀行》（新潮文庫）。大家還以為這是暴露銀行內幕的小說，得到極大的迴響，我才能躋身於作家之林。

之後的小說也因為我曾經在銀行上過班才寫得出來。例如描寫大倉喜八郎的《怪物商人》或描寫安田善次郎的歷史人物評價小說（以上皆由 PHP 文藝文庫出版）。

我在銀行工作的時候，誠心誠意地聽過許多經營者說話。用人的辛苦、資金調度、創新改革等，林林總總。銀行員的好處就是能見到各式各樣的人，與那些人一起同甘共苦。因此當我成為小說家以後，想寫的題材源源不絕。

除了小說以外，我能得到演講或上電視發表評論之類的工作，也都是拜銀行員時代的經驗所賜。從這個角度來看，再也沒有人像我這樣每天都在蒙受公司的恩澤了。

我服務過的第一勸業銀行（現為瑞穗銀行）是擁有各種行員的「熔爐

式」銀行。有優秀的人、不優秀的人、為併購疲於奔命的人、在合併案上努力鑽營的人，全都是典型的「組織人（為組織極其效忠、努力工作的人）」。我很幸運，能就近觀察那些人。

我也經歷過許多醜聞，不只是職業股東的糾紛，還有失蹤、盜用公款、詐欺、傷害等等。我對處理最近引起話題的性騷擾、職權騷擾也有取之不盡、用之不竭的經驗，這些都能成為我寫作的養分。

如同「小說什麼時候都能寫」這句話所說的，正因為當過銀行員，才會有現在的我。我的例子或許不適用於其他人，但如果對目前的工作內容有所不滿，心裡有「五年後、十年後想做的事」，不妨勇於嘗試。說不定，將來想做的事就藏在現在的工作裡。

我的信念是「人生不會白費」，所有的經驗都能運用在自己的人生道路上。人生充滿了失敗及後悔、喜悅、悲傷等各種不同的遭遇，有時候也會痛苦得快要死掉。然而只要沒死，就能把在公司裡得到的經驗發揮到淋漓盡致。

比起公司的恩惠，更重要的或許是「人生真美好」。

10 虛榮之壁

捨棄無謂的尊嚴

尊嚴是要的，正所謂「匹夫不可奪其志」，人不可能沒有尊嚴。不過，尊嚴與要面子或傲慢、妄自尊大不同，像是對鄉土的尊嚴或對國家的尊嚴就很棒。

然而，一天到晚發表瞧不起其他國家的仇恨言論，感覺也不是很舒服。那種尊嚴是扭曲的。

同樣地，假設你辭職以後，成為附近某家健身俱樂部的會員。做完運動進入蒸氣室，與周圍的人聊天。你沒有可以說嘴的話題，於是提起工作上的事，但說著說著就變成吹噓以前在公司時的豐功偉業。

周圍的人起初大概還會附和你。但是，如果你得意忘形，繼續自吹自擂，你的談興愈高，周圍的人只會白眼翻到後腦勺。你一天沒發現周圍不耐煩的表情，就一天無法和他們交上朋友。

換工作也是同樣的道理，不是有一句話叫「入境隨俗」嗎？

我離開銀行時，有個年紀輕輕就離開大型證券公司，改行當自由接案的財經記者，而且工作得有聲有色的自由撰稿人告訴過我：

「江上先生，千萬不要被莫名其妙的自尊心影響，不斷想著要是沒離開銀行會怎樣。像你這種在銀行小有成就的人最容易失敗了；因為很容易受到『我以前很厲害』的自尊影響。」

這個建議太寶貴了，我把這句話深深地刻在心裡。

尊嚴很重要，但無謂的自尊就不需要了。

最近，銀行已經不再是大學畢業生搶著捧的金飯碗了，因為大型金控公司都陸續發表了裁員計畫。進入 AI 及 IoT 的時代，銀行的業務——亦即所謂的融資、存款、放款、付款等方法，很可能大幅變動。

這些業務過去說是銀行的獨占事業也不為過，但未來的時代是不需到銀行也能辦理；而且，如果比銀行還要方便的話，銀行就變得可有可無了。

大家開始懷疑銀行的業務是不是沒有發展性可言，對資訊特別敏感的大學生，自然不再對銀行工作趨之若鶩。一旦銀行不再是金飯碗，就連證券及保險相關行業也不再吸引人，銀行的影響力真是太可怕了。

各行各業多多少少都正在發生類似的狀況，隨著科技進步，開始分成必要的工作與不必要的工作。

幸好，世界上還有還多公司行號需要遭銀行裁員，或者是考慮從銀行轉換跑道的人。

我有個朋友在運輸業當董事，公司雖然迅速成長，但運輸業始終給人「辛苦、骯髒、危險」的印象，難以網羅人才，令他傷透腦筋。正為人手不足所苦的社長命令他：「給我錄取被銀行裁員的人才。」

簡而言之，世人都認為銀行員既優秀，對組織又忠誠。但許多銀行空有一堆優秀的人才，卻沒有善加利用，這是很糟糕的事。所以銀行如果不要那些人才，各行各業都樂於接收。換句話說，被裁員反而是機會！不需要為此鬱鬱寡歡。

銀行確實有很多優秀的人才。學生時代很會讀書，也很老實，老師說什麼就聽什麼，進銀行以後繼續用功學習，學會看懂公司的各種財務報表，了解各行各業的知識，這些不可能沒有幫助。

問題在於「心態」。

要是以為自己特別優秀，這種公司配不上自己，就無法在新天地發揮實力。

人生在世，禍福相倚

以下再為各位介紹一個例子。

有位商務人士被派到自己不是很想去的公司。還以為是家好公司，沒想到就快倒閉了。

「為什麼是我……。」此人滿心怨氣無處發洩。

他就在這樣的心情下工作，向人事部抱怨，但是都沒有人理他。於是他換個角度思考——既然如此，乾脆自暴自棄地攬下所有沒人想做，或者其他員工最討厭的事來做。

那是一家鍋爐公司，他的工作就是滿頭大汗地用鏟子把煤鏟進熊熊烈火中。工作很辛苦，身體髒兮兮，但他每天持續工作，從無間斷。這麼一來，眾人看他的眼神開始不一樣了。

大家對商務人士的印象不外乎在國外飛來飛去，品嚐美味的葡萄酒，不可一世地與生意對手交涉、不可一世地向部下做出指示。簡單一句話，就是不做任何需要出賣勞力的工作。

他卻忙得汗流浹背，為公司一肩挑起眾人嫌棄的工作，所以自己也要加油。簡單一句話，他的行動打動了其他員工的心。後來，那家瀕臨倒閉的公司居然變成優良企業，他的風評跟著水漲船高，不斷有新公司委託他重建，他也接下這些重責大任，如今已被譽為「重建之神」。

正所謂「塞翁失馬，焉知非福」、「人生在世，禍福相倚」。

他說：「幸虧我改變了『抽到下下籤』的想法，人生才能有所改變。我學到無論去什麼樣的公司，都能靠自己轉念，開創自己的未來。我現在很感謝讓我抽到這張下下籤的銀行喔。」

被裁員的員工們，請換個角度，勇敢飛向新天地吧！不要被無謂的尊嚴牽絆住你的腳步！

11 公而忘私之壁

把人生奉獻給公司的下場

過勞死、憂鬱症、子女誤入歧途……。把自己的整個人生都奉獻給公司，有多少人能得到回報，大部分的人把人生奉獻給公司的結果，卻落得這種下場。

我還在銀行人事部上班時，曾經為了調查在倫敦工作的行員待遇及生活狀況，而出差倫敦。

完成視察後，一位不是調查的對象的分行幹部叫住我。一般而言，人事部都認為幹部就該聽從公司（銀行）指示，不該有任何怨言。

「小畠先生，請聽我們幹部的心聲。」他愁眉不展地說。

「怎麼了嗎？」我反問。

「隻身派駐在外的日子太長了，因為要不停地從這家海外分行，調到那家海外分行，四處輪調。」

能在國外大展拳腳的人才不多，所以像他那樣從這家海外分行調到那家海外分行的人愈來愈多，甚至有人直到退休才有機會回國。

「對不起。」我低頭道歉。

「孩子最多愁善感的時候，我卻沒有陪在他們身邊，所以現在完全管不動了，老婆也束手無策，真不知該如何是好，但是我又不敢要求公司讓我回國……」

他的臉上烏雲密布。

如果想在銀行出人頭地，就不能拒絕調職。就算孩子誤入歧途，也只能丟給妻子處理，獨自飛往天涯海角。可是仔細想想，這整件事都很荒謬，因為擔心家裡的事怎麼可能好好工作。

當我還在人事部，有位女性員工因為在別家公司的丈夫調到國外，不得不一個人留在日本，所以希望能調到跟丈夫同一個國家的城市工作，我也答應了她的要求。因為我認為就算是為了工作，夫妻也不該分隔兩地。

日本的上班族一旦有了服從公司以外的自我意識，就會危及升官之路的潛規則，真是太奇怪了。

兼職副業或當社區義工

人有很多魅力，只要把魅力發揮在工作上就行了。

有些公司鼓勵員工兼差，像 IT 企業這種新型態的公司，就不反對員工兼差。這也是一種手段，可以發現公司以外的自己。不過，我對這種方式有點疑問。

因為我認為經營者應該要讓員工從正職就能賺到足夠的薪水，如果鼓勵員工為了增加收入而兼差，其實是打著希望員工從副業得到靈感，將其運用在正職上的如意算盤。當然，大概也有經營者為了提升員工的士氣，純粹以武者修行的角度勸員工兼差……。

另外，根據某項調查，很多員工都認為還好有兼差。但是對生活感到滿意的人應該不會想要兼差。另一方面，IT 業界極需人手，所以很容易找到兼差。而兼差者也可能會在已經有工作的穩定前提下，自立門戶。

然而，比起那些副業，我認為大家應該參加義工性質的活動，藉此發現工作以外的自己。

現今社會有針對青少年的義工制度，參加的話能提升學校對學生的評價。雖然以有沒有當義工來評價一個人有點奇怪，但在新加坡非常鼓勵高中生當義工，也能因此加分。不過，高中生其實不在乎這些，而是自己樂意參加這類義工活動。

有些公司會設定所謂的義工假，鼓勵員工利用這種假期去當義工。可惜一旦當上幹部，一年難得有幾天能去當義工。

雖說是義工，但也不是一天、兩天就可完成的事。一旦當上公司幹部，在當義工的環境也可能是幹部，所以要做好期限會延長到幾個月，甚至是一年的心理準備。

不過，想也知道，一般人不可能離開公司那麼久。義工與公司完全不同，義工是為社會做出貢獻的無私奉獻，參加的人主要都是過去從未見過的年輕人或主婦，有時還必須整合七嘴八舌的意見。也許有人會感嘆明明都這麼努力，卻看不到成果。如果在公司，只要一聲令下，部下就會照做，但義工卻不是這麼回事。因為義工本來就是一群沒有利害關係的人，就算身為領導者，也無法讓所有人接受自己的意見。或許也有人會因此懷疑自己的領導才能。此時，應該會深刻感受到影響力的重要性。

我認為如果要鼓勵員工兼差，還不如勸員工去當義工，並且充實相關的制度，可以讓年過五〇的員工先當一年的義工，再升為部長或董事。我之所以會這麼想，是因為我在銀行人事部工作的時候，發現當義工的人倘若朝氣蓬勃，對銀行也會有所貢獻。

以義工性質長年擔任兒童足球或棒球隊教練的人、持續在當地的老人院表演魔術的人等等，義工的型態琳琅滿目。但他們並非全部都能出人頭地。

他們認為工作歸工作、義工歸義工，分得很清楚。這令當時只會工作的我非常羨慕。

最好從在職時就開始

當義工的好處在於離開公司也可以繼續。一旦到了退休的年紀，就算不想也得離開公司。此時，有人會想：「那就去當義工吧！」但真正付諸實行的人少之又少。沒有事情做以後，不外乎是去附近的健身房，或是躲在家裡不出門，這兩種結果。要是能從在職時就開始從事義工活動，就不會變成這樣，肯定會迫不及待地想要離開公司。

人可以從被他人肯定、讓他人高興得到成就感，這是與生俱來的天性。雖然人有利用他人的天性，但同時也有與別人互助合作的天性，因此才能建立豐衣足食的社會。

在公司裡，或許利用別人的天性會跑在前面，但是當義工幫助別人、與別人互助合作，會讓你在工作上表現得更好。這種巧妙的平衡肯定能讓職場生涯過得更加多彩多姿。

比起兼差，不如去當義工；這麼做可以幫助你發現工作以外的自己。

12 孤獨之壁

五〇歲以後要習慣與孤獨為伍

年過五〇，當然會被嫌棄。不妨回想自己年輕的時，肯定也被蠻不講理的部長或高階主管氣哭過吧？

如今你也到了那個年紀，不可能再跟新進員工或年輕女員工意氣投合、感情融洽。死心吧！「笨人想不出好主意」，只是浪費時間。

舉例來說，假設你是同時進公司的人裡頭升遷得最快的，五〇歲就當上部長、董事。年輕的下屬大概會照你說的去做事。而且到了情人節，女性員工還會送上巧克力，並且說：「這可不是人情巧克力喔！」

此時，你可能會喜滋滋地想著白色情人節要送什麼回禮。「我很受歡迎、年輕人都很喜歡我……。」這完全是想太多了，不，是想太美了。年輕人才不喜歡你，是人在屋簷下，不得不低頭；因為知道你喜歡這套，所以只是在討好你罷了。

「才沒有這回事。正所謂『逆命而利君謂之忠』，我欣賞敢給我忠告的部下。」不不不，你只是說說而已。你過去搞掉、踢掉多少個對你提出建言的年輕人，部下都看在眼裡，他們早已下定決心對你「敬鬼神而遠之」。

更何況，部下也知道你的口頭禪是「我沒聽說」、「我不知道」、「這是你的責任」。嘴上說「有什麼事都可以和我商量」，一旦找你商量，你就說「交給你決定」；萬一失敗，你卻對董事睜眼說瞎話：「我阻止過他了。」部下早就知道你是這種人了，朝令夕改不說，還會毫無忌憚地說：「朝令夕改很常見啊！」

反過來，假設你是個「非常平凡的五〇歲的員工，工作能力普通，職位也不上不下」。這樣的你現在才想跟年輕員工打好關係，對方怎麼可能理你。你被拒於門外，只會更落寞而已。

為何會被拒於門外呢？因為年輕員工是非常現實又講效率的。既然你毫無利用價值，為什麼要跟你打好關係？跟你打好關係對自己有什麼好處？既然沒有好處，你再怎麼主動接近年輕員工，對方也只會嫌你「好噁心」。

不要主動接近年輕人

那麼該怎麼辦才好呢？

接受孤獨吧！

年過五〇，紛紛擾擾的人際關係，應該已經讓你千瘡百孔。為了讓自己復原，就必須忍受孤獨。

如果你是菁英份子，現在應該還悶著頭在自己的道路上前進。儘管如此，還是要讓自己孤獨，好好反省，重新審視自己，也重新審視周遭的一切。這麼一來，你會知道自己有多麼高壓專制、有多麼不聽別人的意見、有多麼討厭……，說不定有時候還會吃女生豆腐。

這下子，你該知道自己是多麼欠缺魅力的人了吧。大概也會被學生時代明明能口若懸河地談論哲學或文學，但現今卻滿腦子只有利潤或營業額的自己嚇一大跳。

唯有讓自己孤獨，花時間重新審視自己，才能意識到這一點。

一旦發現自己有多討人厭，請如常地工作，再慢慢改掉自己討人厭的地方。當年輕部下提出企畫案，過去的你可能不認真聽，想都不想就把資料退回，現在則必須「什麼什麼？」地側耳傾聽，還得說：「讓我考慮一個晚上。」

年輕部下肯定會大吃一驚，以為天要下紅雨了，以為你身體不好，甚至死期將至。請這樣就好；不需要一下子全部改過，而且這是做不到的事。請先從傾聽年輕人的意見開始。這麼一來，自己和周圍都會有戲劇性的變化。所以不需要主動討好部下。

萬一你始終無法升官發財，一直是個平凡的五〇歲員工，該怎麼辦？還是必須選擇孤獨。孤獨能讓你重新看見自己。這麼一來，就能如常地處理工作，也能留意到一些令人會心一笑的細節。即使年輕人（可能不是部下）要你做你不想做的事，也能冷靜地接受，笑笑地完成。不用討好年輕的上司，一切如常，**藉由「孤獨」重新審視自己，領悟到自己應該站在什麼立場上工作即可**。

也可以繼續努力地鴨子划水，思考自己為何始終得不到正面的評價，或許是因為你太急著出人頭地，呷碗內看碗外；也或許是因為你太優柔寡斷，一心只想規避風險，遲遲不敢做出結論所致。只要了解自己的缺點，好好地、慢慢地改善即可。偶爾當上司徵求你的意見時，不卑不亢地說出自己的想法即可，周圍的人大概會跌破眼鏡吧！

人到了五〇歲，就不要再主動眼巴巴地接近年輕人。不管是 IG 還是推特，你都不可能跟年輕人聊在一起的。

總之，讓自己孤獨，然後再重新審視自己。現代社會，不管是鄉村或是大都會，到處都有坐禪的道場。請找正派的寺廟，靜下心打坐，以重新審視自己。其實，不用特地去那種地方也無妨，只要自己一個人在家裡冥想就行了。不，根本不用講求那些形式，只要在上班途中或去拜訪客戶時，仔細地傾聽自己內心的聲音就行了。有時間在電車上玩手機，還不如問自己「Who am I？（我是誰）」

這麼一來，你一定會有所改變。**不要主動接近年輕人（部下），寧可讓自己孤獨**。

13 通才之壁

菁英的憂鬱？

日本公司，尤其是大企業的菁英份子，通常每隔幾年就會換部門，被培養成「通用」型的人才，去賣東西給人的業務單位五年、管理部門待五年、派出國七年、回國再面對法人客戶五年……。幾經輾轉後，卻成了「沒有專業技術」的五〇歲員工。在日本的菁英身上經常可以看到「沒有專業技術」的不安要素。

以我為例（啊！我不是說自己是菁英喔）。待過兩家分行，在總公司待過總務部、業務企畫部、人事部、公關部、業務監查統括室，然後又當過兩家分行的經理……。過程中，還為了解決職業股東的糾紛而四處奔走。可以說是典型的通用人才。要是沒離開銀行，搞不好已經當上董事了。

只是有這個可能啦。因為人事部的前輩、後輩幾乎皆已成為董事，所以我……。

但是如果問我有什麼專長，還真的沒有。職業股東事件時，我曾經跟部下開過玩笑。當時我們真的以為銀行可能會倒閉，所以雖然是開玩笑，但其實還挺認真。

「萬一銀行倒閉，你會做什麼？」我問部下。

「我也不知道自己能做什麼。」部下也一臉茫然。

「我不會英文，也沒有會計或財務的知識，又不國際化，對電腦一竅不通，什麼都不會耶。」我覺得自己很沒用。

每次看到應徵的履歷，都會優先雇用具有海外工作經驗，或有電腦知識的人才（這點現在也一樣）。

「我可以去當漁夫。」最年輕的部下說。

「哦，漁夫啊。」出乎意料的答案讓大家對他行注目禮。

「我從小就愛釣魚，現在也經常去釣魚，所以如果是漁夫，我應該能勝任。畢竟我對釣魚還算有點概念。」他自信滿滿地說。

「好好喔，你有專業知識……」我真的很羨慕他。眼前浮現出他坐在船上，神采飛揚、悠閒垂釣的模樣。

也為自己就連這樣的專業知識、專業技術都沒有，而感到汗顏。

切勿著急

當時，我四十二歲，真的很後悔為什麼要唸到大學畢業、為什麼要進銀行工作。要是我十八歲高中畢業就去壽司店拜師學藝，經過二十四年，應該已經是個可以獨當一面的壽司師傅。

然而，事到如今，後悔也來不及了，正所謂千金難買早知道。

正在看這本書的「通才」們也一樣。事到如今再後悔已經太遲了，現在還能學什麼？電腦？英文？還是要去考什麼證照？

莫急、莫慌、莫害怕。

翻開雜誌會看到「就算被裁員也能立刻派上用場的證照」這種可疑廣告。你的手機或電腦會沒完沒了地收到「中高齡的福音！只要擁有這項資格，保證每個月都能有三〇萬圓的收入」這類充滿誘惑的廣告，怎麼刪也刪不完……。看著看著，不小心就會落入陷阱，最後連所剩無幾的存款都賠進去了。

因為你太心急了。

對付「通才的憂鬱」的第一個方法，就是要先有自信。這輩子都為公司做牛做馬不是嗎？首先要對這件事有信心。

小學的時候，老師教過我們「強顏歡笑也是一種笑」。同樣的道理，假裝的自信也是一種自信。

正因為是通才，五〇歲以後才能成為新專家

我朋友的公司被外資併購了，他是個五十多歲的部長，沒有特別值得

稱讚的專業，所以很煩惱要不要退休。可是大部分同事退休時，他卻裹足不前，留下來了。大家都罵他是背叛者，他則拚命重新學英文。外國籍的社長看見他的努力，居然命令他去美國的商業學校留學一年。

他在留學的地方學習管理，善用過去的經驗，結果成了管理專家，目前是某上市公司的副社長。年過五〇再重新培養專業，也絕對來得及，因為至今身為通才的你擁有豐富的經驗。

誰也無法控制人事更迭。正因為公司對你有所期待，才會培養你成為通才。歐美公司是把通才的經驗奠基在專業的基礎上，但日本不時興這一套，日本追求的人才，是站在制高點能不能受部下愛戴，所以愈是菁英，愈缺乏專業技術。日本甚至有「專業笨蛋」這個單字。

簡單地說，不用有什麼專業，而是輾轉去各部門沾醬油，建立公司內的人脈，跟所有人打好關係，學會看許多人的臉色，讓自己逐漸變成笨蛋。愈笨的人反而爬得愈高，日本企業的組織就是這麼不可思議。若你年過五〇也能不對現狀有任何不安，順利變成傻瓜，或許就能爬到組織的頂點。

反過來說，通才代表到了五〇歲不用再辛苦地踏出「第一步」。因為經歷過許多不同的職務，很容易抓住重點。接下來，只要想好要致力於哪個重點就行了。

總之，請對自己過去的努力有信心。只要有自信，就能像我朋友那樣，年過五〇也能在通才的基礎上再加上專業，成為更優秀的人才。

14 離職之壁

「乾脆」辭職的風險

朋友公司的退休年齡延後到六十五歲，這似乎是為了因應給付退休金的年齡提高。

朋友大喜過望。他目前還不到六〇歲，不僅可以工作到六十五歲，年薪也將近五〇〇萬圓。可以六十五歲才退休，對他來說無疑是個好消息。但，或許公司正煩惱著要怎麼有效地運用像他這種中高齡的員工。

雖然過了六〇歲，但**現在的六〇歲說不定比以前的五〇歲還年輕。就像琳達・格拉頓（Lynda Gratton，倫敦商學院教授）在她的著作《LIFE SHIFT》（這本書在日本也是極暢銷的翻譯作品）裡說，現在的六〇歲相**

當於過去的四〇歲。讓還有體力、精力的中高齡員工晚點退休，精力充沛地為公司賣命，對公司也有好處。

話雖如此，當員工年過五〇，有些公司會祭出「若想維持目前的薪資條件，就必須在六〇歲辭職」或「如果想工作到六十五歲，薪水就會遞減」的選擇。

我的另一位朋友正在煩惱是要六〇歲乾脆辭職，還是就算薪水只剩下一半，也要工作到六十五歲。然而，高齡化還看不到盡頭，天曉得制度什麼時候又會變了。既然每家公司都不確定退休年齡什麼時候又要延後，最好不要輕易辭職。

我的朋友絕大多數都在六〇歲退休，以一年一約的方式，續聘為非正式員工，薪水也會減半，甚至是銳減。可是沒有人辭職。若說他們不夠乾脆，倒也不盡然。大家的態度都很豁達，並非死纏著公司不放。他們都很享受六〇歲以後的生活，繼續從事熟悉的工作，有時間見見朋友、跟老婆去旅行。我則是被工作追著跑，心浮氣躁，連玩樂的時間都沒有，所以非常羨慕他們。

六〇歲以後，即使薪水減半，但是還有工作就要偷笑了。

我在四十九歲離開公司，成為自由工作者。如果不自己爭取工作，就沒有收入，所以每次的勝負都牽涉到生計。換言之，一輩子都要為生計打拚，至死方休。

所有的自由工作者都有相同的不安。一旦沒有工作，就得喝西北風，所以要一直當個自由工作者，其實需要莫大的勇氣。還要注意健康，要是搞壞身體，可就萬事休矣。

事實上，退休後就算領到退休金，也無法從此高枕無憂。如果還要還房貸，退休金一下子就花光了。沒有房貸的人，大概也有不少卡債等消費者金融的貸款。因為子女此時已是大學生，需要繳學費或寄生活費給他們。

我朋友的狀況都大同小異，所以才看開一切地繼續在公司上班。要是「乾脆」辭職，生活可能會出現問題。

最近的中老年人似乎有主動聲請破產的傾向，或許是因為世上「乾脆」的人愈來愈多了。

請不要輕易丟掉公司這把大傘。

公司是個好地方。尤其像我這種離開的人，更是體會深刻。

五〇歲以後比起存錢更要「存人」

在日本，尤其是大企業，只要好好工作，就算到了退休年紀，也不會隨便拋棄員工。會幫員工想好展開第二春的去處。

或許大家會說，只有大企業才會這麼為員工著想。但就算是中小企業，無論是什麼樣的公司，應該都不至於對在公司工作了三〇年的員工，見死不救。要是這麼無情，肯定會破壞現任員工的工作意願。就算要你自己去找工作，應該也會給點建議。萬一你的第二春發展得不順利，很多公司都會伸出援手。

因此，我想提醒打算裁員的經營者一聲。我相信「重視員工」才能真正讓公司成長。相反地，「不珍惜員工」的公司肯定會自取滅亡。AI、IoT 的技術再怎麼創新，公司還是由「人」組成。

同理，就算要裁員，也不能做得太絕，必須徹底地協助員工找到重新出發的職場。如此一來，留在公司的人才能安心工作，才不會失去對公司的信賴，這比什麼都重要。

可是公司並沒有照顧到「乾脆」辭職的人。只告訴他們要靠自己的力量找到出路。所以要是有這種心理準備倒好，沒有的話，就應該留在公司裡。

年過五〇，我建議大家要「存人」。

若說是人脈，聽起來太現實，**我指的是可以推心置腹的朋友，可以是前輩，也可以是後輩。不是把你當成公司的走狗，而是信任你這個人，這種朋友多一個是一個**。這些朋友肯定能豐富你五〇歲、六〇歲以後的人生。

當我為了日本振興銀行⑩的問題走投無路時，居然有朋友不惜辭去社長

⑩ 日本振興銀行是日本第一家實施存款理賠的銀行，成立於二〇〇三年，業務多是中小企業的融資貸款。由於實施存款全額理賠，造成資金缺口，最後於二〇一〇年自行宣布破產。

職位，來當我的下屬，只為了雪中送炭。「我想幫助江上先生。」真是令人難以置信。我深深覺得當時用心「存人」真是太好了。

現在開始重新建立人際關係也無妨，一切都還來得及。

15 赤字單位之壁

五〇歲的逆轉勝

年過五〇，大概也有很多人已經當上部長了。然而某一天，有個認識的編輯A向我哭訴：

「好不容易當上部長，卻是個萬年赤字的單位，必須達成根本不可能達成的營業額……。」

話說回來，我沒當過部長，而且我的公司（銀行）人生也沒走到最後，找我商量這種事根本是找錯人了。

不想幹的話，辭退就好了。少了你，公司也不會有任何問題。

我四十九歲離開銀行時，自己說不太適合，但我的確是同期裡跑在最前面的，當到大型分行的經理，但我離開公司以後，銀行也沒倒。同仁們說不一定還覺得囉哩八嗦的人終於滾蛋了，耳根清靜多了。

根據我微不足道的經驗，我只能說他還算是幸運的。萬年赤字的單位有什麼不好。反而是當上每年營收屢創新高的單位主管才慘，因為不能讓業績走下坡。必須一直給下屬壓力，要是不改革過去的勞動方式，就無法超越前任主管的成績。晚上大概會睡不著吧？

這方面，萬年赤字單位不就表示過去不管由多厲害的人來帶，都沒有起色嗎？既然如此，不管由誰當部長，結果都是一樣的，那不是很輕鬆嗎？萬一他能減少赤字，甚至創造出利潤，肯定會一下子就成為目光焦點。

再說了，任命他為萬年赤字單位的部長，不是對他抱有高度期待，就是毫無指望。只要能戲劇化地扭轉頹勢，大家都會認為原本不受任何期待的A，有效地善用了士氣低落的部下，化赤字為黑字。

競爭對手私下都說：「好可憐啊！」、「那傢伙已經完蛋了！」下屬也都以死氣沉沉的態度迎接A這個部長，部門裡瀰漫著一股「反正我們就是一群蝦兵蟹將」的氣氛。

A沉住氣、觀察他們的反應，使出了一個妙招。讓原本喪失幹勁的部下開始慢慢地重拾幹勁。一年後，整個部門改頭換面，成為公司裡最賺錢的部門。部下們第一次感受到工作的喜悅。

這齣戲的結局太圓滿了。

可別覺得這是老生常談喔！這麼青春的劇情才是最容易叫好又叫座的戲碼。

復興之神如何讓財團起死回生

在提到我不值一哂的經驗之前，請先允許我介紹一個明治時代的人。他叫「伊庭貞剛」。被譽為復興住友財團的人物，備受尊敬。

位於四國愛媛縣的別子銅山，是住友財團的祖業，但因為煙害問題一直飽受當地人的抨擊，就連銅山的礦工也怨聲載道。再這樣下去，銅山的經營可能會出現問題，如此一來，住友財團的最大根基就會垮下……。危急存亡之際，伊庭單槍匹馬前往銅山。

各位可知伊庭做了什麼？對員工破口大罵？給員工目標？做出改善業務的指示？裁員？三頭六臂地使出各種救亡圖存的手段？

不不不，他什麼也沒做，只是每天去礦山爬山散步，笑著對礦工說：「早安。」、「辛苦了。」

人真的很奇妙。無論過去的經營者再怎麼暴跳如雷地抱怨，甚至裁員都不見起色的業務居然就改善了，還打下住友財團留給後世子孫的巨富基礎。

他做那些事都沒有企圖嗎？他到底在打什麼算盤？

他看穿業績之所以惡化，是因為經營者與從業人員（礦工）、當地人（農民）溝通不良，所以他才花時間與他們建立良好的關係。

我認為這個經營的真諦拿到現代來也適用。

我的經驗或許派不上什麼用場，但我也曾經當過業績已經低迷好幾年的分行經理。就我粗淺拙劣的經驗來看，一個公司的業績之所以惡化，無非是因為管理與現場的意見分歧、關係不佳。

前任、前前任的分行經理與員工及客戶的關係糟到不能再糟了，就算業績有起色也只是一時的，卻為此給員工難看、要員工加班、怒罵員工，還欺負客戶，強迫客戶交易。這麼一來，只會招致不信任，不可能提升業績，導致歷任分行經理都心灰意冷地調職到別的地方。

輪到我走馬上任。我雖然不是伊庭貞剛，卻也什麼都沒做，只是每天與行員一同穿街過巷、拜訪客戶（沒有開車，都用走的）、站在大廳向客戶打招呼。

還有對員工說：「做你們想做的事、開心的事。」

結果，居然有女員工說她想去迪士尼樂園工作，所以要學英文，還去上英文會話的補習班。為了去上課，她主動想辦法提高工作效率，藉以準時下班。關鍵就在於要讓員工自己想辦法。重點在於為了做自己想做的事，自己提升工作效率。像她這樣的人愈來愈多，終於讓該分行的業績成為所有分行中最好的。也因此讓我有時間寫作，甚至成為小說家。

倘若被派去管理業績不振的單位，只要讓該單位起死回生即可。

五〇歲是已經可以看到未來的年紀，所以丟掉無謂的欲望吧。四〇歲可能還做不到，因為還看不見未來，所以會有欲望。一旦產生欲望，就很容易失敗。**到了五〇歲，不妨以無欲無求的心情面對工作，肯定會有出乎意料的收穫**。

不過，我要給各位一個忠告，那就是萬一工作有成，一定要比現在更謙虛，絕對不能驕傲自大。你只要稍微表現出一點想要誇耀成果的態度，就會招來經營者的嫉妒，將來可能會被下放到做夢也想不到的鬼地方。

16 評價之壁

五〇歲後才被提拔的人

有人很善於處理危機，這種人多半是怪人，因為平常出事會有人想辦法，不需要特別善於處理危機的人，所以風評不怎麼樣。硬要說的話，屬於不好不壞的人，所以最好別期待五〇歲以後還有機會，突然在長年工作的公司中脫穎而出。

因為平常如果風平浪靜，或是因為景氣好導致業績好，照順序升遷是最理想的結果。照順序升遷也能給員工安全感，異常的拔擢、升遷只會在公司裡掀起軒然大波。倘若對這種狀況不滿，不妨自己出來創業。

我曾經直接聽池上彰⓫先生說過，他還在 NHK 社會部的時候，公司內發生過人事上的對立，亦即部長與部下之間的對立。池上先生屬於反部長派，結果造成他從原本內定的七點新聞主播，被調去當〈小朋友週刊新聞〉的主播，他曾經非常自暴自棄，但後來轉換心情，還是接下〈小朋友週刊新聞〉主播一職，決心貫徹「如何簡單明瞭地讓小朋友看懂新聞」的理念。

他的努力有了成果，〈小朋友週刊新聞〉獲得淺顯易懂的好評，就連大人及媒體人也愛看，今時今日以把新聞解說得簡潔有力為賣點的池上先生從此誕生。池上先生肯定是善於處理危機的人，所以不得不離開較平實的NHK。但也因此，有了很大的突破。

富士底片的古森重隆會長兼執行長，也是善於處理危機的人。二〇〇〇年就任社長時，原為超級優良企業的富士底片已面臨危機，受到數位相機的影響，彩色底片的營業額，開始大幅衰退。富士底片的利潤有一大半來自於彩色底片，萬一彩色底片賣不出去，富士底片就會倒閉。

古森先生對毫無危機意識的員工大發雷霆：「底片即將被淘汰。試想鋼鐵公司沒有鋼鐵、汽車公司沒有汽車會怎麼樣？」轉而進軍醫療化妝品領域，且大有斬獲（請參考拙作《断固として進め／勇往直前》德間書店）。幸好，富士底片當時的社長是善於處理危機的古森先生，才能克服難關。

以政治家為例，英國的邱吉爾就是個怪人，也是世人逐漸淡忘的人物。多虧他一直在英國政界高聲疾呼：「希特勒很危險。」才能戰勝希特勒，成為英雄。但是當天下太平，他就輸了選舉。

「自目人才」才能出人頭地？

由此可見，**善於處理危機的人唯有在緊要關頭才能發揮實力**。但你無法判斷自己是善於處理危機的人才，所以承平時期無法得到良好的評價；還是因為你本來就只是庸才，才無法得到良好的評價。倘若大家都說你是「怪

⓫ 池上彰：為日本相當知名的資深媒體人及學者。曾於 NHK 任職，其主持風格簡單易懂，大受觀眾歡迎；現為自由撰稿人。

人」，認為你只要改掉某些怪習慣，就能出人頭地的話，那只好等公司出問題了。若始終天下太平，你是不會有機會出頭的。

年過五〇還被拔擢的人才，都是些「怪人」，亦即所謂「白目（不懂察言觀色）」的人，皆為欠缺協調性，橫衝直撞、人格獨立，認為「雖千萬人吾往矣」的人才。**簡單一句話，就是「難以操控」的人才**。公司必須陷入危機，這種人才才有機會出頭天。

職業股東事件發生後，我為了重建銀行，向黑道收回呆帳，拔擢了十位遲遲未能升官，被視為難以操控的人，賦予他們重要的職務。他們反而很享受銀行的危機，無論對方是黑道、還是董事（與黑道相提並論真不好意思），都能發揮實力，徹底地打敗眼前的敵人，收回呆帳，協助銀行重建。他們告訴我：「粉身碎骨也無所謂，一起讓公司變好吧！」我到現在都很感謝他們。

如果你過了五〇歲還沒出人頭地，公司大概很太平吧！然而，意識到危機是經營者的任務。若經營者缺乏危機意識，你就沒有機會出頭。你只能抱著「總有一天，金塊會發光」的信念，耐心等待機會的降臨。

17 年輕主管之壁

當過去的部下成為上司

繼續待在公司裡的「再戰派」往往會遇到「過去的部下成了上司」的狀況。我經常聽到不管做什麼都尷尬，令人傷透腦筋的抱怨。

你在說什麼傻話呀，只要待在公司裡，就一定會發生這種逆轉劇！

你已經五十多歲了，未來會發生什麼事顯而易見，被部下追上、被部下超過是理所當然的，這種情況屢見不鮮，一點也不稀奇。昔日以前輩的風範帶著到處去喝酒的後輩，已經變得比自己位高權重了，明明不久之前自己還在教對方該怎麼工作……。或許你心裡會閃過這個念頭。

不過，如果他夠優秀，就不會受到你這個以前頂頭上司的影響，因為他早就知道，過去的上司有一天會變成部下。

應該會很正常地與你這個過去的頂頭上司相處。

萬一周圍的人知道你們的關係，可能會因此變得小心翼翼。

主管或周圍的人大概也會對他說：「以前的上司變成部下，你也很難做事吧。」

我猜他肯定會不以為意地回答：「不要緊。前輩是好人，他會好好地指導、協助我。」

只有前上司才會對於在前部下手下做事耿耿於懷。年過五〇還這樣，真是太難看了。要是在酒宴上喝開了，說不定還會向朋友抱怨。千萬別這樣！這種事一定會傳到對方的耳朵裡，在彼此心裡留下疙瘩，不會有好結果的。

我也有很多部下是以前的前輩，幸好沒有以前的上司。

我面對前輩的時候，也會因此比較小心，不管是用詞遣字也好，態度也罷，都不敢沒大沒小。

這是應該的，就算變成上司與部下，前後輩的關係也不會改變。

所以直到現在，我與那些人的感情都很好，還發誓要一起幹大事。**遇到這種狀況，不妨開門見山地把話說清楚**。

倘若前輩的態度突然變得很生疏，以前的部下可能也會很為難。這種細微的認知差異若放著不管，將來會演變成很大的鴻溝。

年長者就該有年長者的風範，主動放下身段，向對方靠攏，才合乎人情義理。

五〇歲最適合踏出新的一步

子曰：「君子不器。」

這句話的意思非常深奧。孔子的意思是說，君子多才，能視狀況臨機應變，而非僵化定形的器具。身為年長者，五〇歲已經嘗過一遍人生的酸甜苦辣。只要能臨機應變，腦筋靈活，肯定能活得更快樂、更多姿多采。

老子也說：「上善若水。」

他的意思跟孔子一樣。水往低處流，裝進什麼容器裡，就會變成什麼形狀。原本以為水是最柔軟的東西，但有時也會變成洪水，沖走人和建築物。平常則非常平靜，絕對不會顯現出那種破壞力。

只要跟水一樣，靜靜地往低處流就好了。

五〇歲是「知天命」的年齡。我認為上述的天命即為「豁達」。並不是死心絕望，而是能冷靜地回首來時路，反省年輕時像個拚命三郎，自以為無所不能的時代，從而踏出新的一步。

請痛痛快快地跟以前的部下喝杯酒，毫不保留地把話說開。肯定能發現令人懷念、快樂且全新的自己。

18 部下之壁

別想與部下打好關係

我有個上班族朋友一臉落寞地說，年過五〇開始跟年輕部下話不投機半句多，一起出去喝酒也不開心，甚至會再三猶豫是不是要約對方去喝酒。

以下是我的建議：「既然如此，那就不要一起去喝酒了。」

為什麼要跟部下去喝酒呢？難道是所謂的以酒會友，以為跟部下去喝酒就能培養團隊意識嗎？

要是那樣，那可真是昭和時代令人懷念的光景。

現在跟部下一起去喝酒，部下如果不想聽五十多歲的老頭說教，可能會當場玩起手機來。看部下那樣，你可能會舉起啤酒瓶敲部下的頭，大吼大叫地說：「你這小子！我在說話，你給我玩什麼手機。」

這麼一來，你就玩完了。The End！

你會因傷人罪被捕，就跟某個「被部下玩手機激怒，而在酒席上對其施暴」的相撲選手一樣⑫。這可不是開玩笑的。

其他朋友也說，與部下無法有效溝通，聊不起來，一起去喝酒也不開心，但還是會義務性地約對方。於是部下也百般不情願地赴約，喝著一點也不好喝的酒。結帳時，部下雖然表示謝意：「謝謝課長請客。」但是聽到你要求店裡的人打統編：「請給我發票。」時，可能會在心裡犯嘀咕：「什麼嘛，原來花的是公款啊。課長真是個小氣鬼。這種居酒屋的小錢至少應該自掏腰包吧！」

一起喝酒根本一點幫助也沒有。

沒想到第二天，部下還厚著臉皮遲到或請假。「昨天喝太多了，頭好痛。我今天要請半天假。大概是喝了太多便宜的酒。」

「什麼便宜的酒！混帳東西！我不也是頭痛得要死！用爬的也要給我爬

來上班！」差點兒就破口大罵，但好不容易忍下來，再以溫和的聲線回答：「是嘛，請多保重。既然如此，今天就好好休息吧！」

為何要採取這種態度呢。你覺得自己非常窩囊，沮喪不已。「我為何要這樣討好部下呢？是因為希望對方認為自己是個好上司嗎？」一想到這裡，心情就更加沮喪了。

年過五〇，部下多半都是年紀跟自己兒子差不多的年輕人。你與自己的兒子沒有代溝嗎？如果沒有，表示你是個很幸福的父親。因為興趣完全不一樣，怎麼可能完全沒有代溝。即使約對方去喝酒，對方也只會心不甘、情不願地奉陪。

酒席上，你談的內容不外乎「以前啊……」的自吹自擂和「現在的年輕人……」這種老生常談的說教。去 KTV 唱歌，唱的也全都是昭和時代的老歌，例如：小林旭的〈流浪之歌〉，這樣不行。

⓬ 此處影射的是二〇一七年日本相撲界所發生的酒席暴力醜聞。

你一定要及早弄清楚，去喝酒不開心的不是你，而是你的部下。沒有部下會希望上司約自己去喝這種一點都不好喝的酒。

你當然可以約部下去喝酒，但是如果感到遲疑，不約也沒關係，這麼一來，部下反而還樂得輕鬆。

「PDCA」的D並不是喝酒的 DRINK

我的意思是「年過五〇，要稍微有自信一點」。畢竟你也吃了不少苦不是嗎？

我的建議或許沒有半點建設性，很像是酒席上的說教吧。

不過，能把你和部下連結起來的，還是工作及工作上的成果。只要能搞清楚這一點就行了。提升工作的成果需要喝酒嗎？

也許有人會強調喝酒是為了加深團隊意識、炒熱氣氛，但工作真的不需要喝酒。**工作只需要你的 PDCA ——**

PLAN（計畫）、DO（執行）、CHECK（檢查）、ACT（改善）。

重點只有一個，那就是你和部下能否好好完成這個循環。這裡面沒有酒。D並不是喝酒的 **DRINK**。

以下為各位介紹我尊敬的經營者——八城政基先生說過的話。

八城先生曾是埃克森石油的社長，也當過花旗銀行的日本代表，更曾經在金融危機中將「日本長期信用銀行」重建為「新生銀行」。

八城先生說過，日本企業的 **PDCA** 之所以成效不佳，是因為「P」不夠認真。社長把「P」的 **PLAN**（計畫）全都丟給部下，對於部下呈報上來的 **PLAN** 內容也沒有完全搞清楚就通過，然後只看結果的數字，不著邊際地說出「還要再加油」這種毫無意義的廢話。

八城先生說：「PLAN 等於一切喔！俗話說『用說的很簡單，做起來卻不容易』，但其實是『做起來容易，說清楚很難』。歐美企業的『說』就是所謂的計畫。經營者也要參加，大家暢所欲言地提出各種意見，整理出最完善的計畫。接下來，只要付諸實行，亦即所謂的『做』即可。只要計畫夠縝密，就能照計畫執行，所以做起來一點都不難。」

當我從八城先生口中聽到這番話時，感覺茅塞頓開。

日本企業，尤其是受雇的經營者，習慣把計畫全部丟給部下。唯有身兼出資人的經營者，因為是自己的公司才不會這麼做。八城先生認為執行其實很容易，只要照計畫做就好了。

與部下開會時，請徹底化為影子

八城先生基於這個中心思想，擔任過許多企業的高層、重建公司。

你與部下接觸時，只要重視「說」，也就是「P」（PLAN＝計畫）就行了，只要與部下一起計畫「PLAN」就行了。

這時，要打破上下關係的隔閡，讓部下暢所欲言，自己不要有太多意見，徹底抹殺自己的存在感，讓自己變成影子，在不在都無所謂。不要宣揚自己的經驗，也不要試圖主導會議的方向，否則部下會認為：反正課長心裡已有定見了。反而會讓部下失去幹勁。

與部下一起研擬 PLAN，然後再進入「D」（DO＝執行）的階段。再跟部下一起「C」（CHECK＝檢查）、「A」（ACT＝改善）。

這裡沒有讓 DRINK（酒）介入的餘地。

只要達成目標時，再用經營者發的獎金去喝美味的酒就好了。屆時要是變成只有部下的聚會也很好。

「課長，一起去嘛。」部下說不定會主動邀請你。

到時候請掏出私房錢說：「我就不去了。你們玩得開心一點。但是也不要玩太瘋喔。」瀟灑地離去。

這不是很帥嗎？

19 「退休後」之壁

沒有工作以外的生存價值也沒關係

勤勤懇懇地工作到五〇歲，差不多也該考慮退休後的事了，大家會開始擔心「找不到工作以外的生存價值」、「公司以外沒有朋友」……。但是，其實不需要如此擔心，這種人滿街都是，一點也不稀奇。因為我也曾經有過類似的過去。

老婆總說我：「你的朋友少得可憐。」我不是要找藉口，愈是一心只為了工作而活的人，愈是這樣，不是嗎？

就算沒有公司以外的朋友，只要公司裡有朋友就好了。要是連公司裡都沒有朋友就真的要擔心了，有的話就大可放心。普通的上班族在公司以外都沒有朋友。離開公司以後，能不能繼續和公司裡的人當朋友，也還是個未知數，但同病相憐的人滿坑滿谷，所以退休後也可以經常聚在一起。

我的朋友退休後，和公司的戰友組樂團、搞家庭菜園、玩高爾夫球、打麻將，幾乎每天都會見到公司的人。

若是生活安隱下來後，人其實永遠都離不開公司，會繼續為公司的現狀感嘆、憤慨、欣喜。

公司的朋友是「比老婆更重要」的存在

可不要小看這層關係，因為如果是大學畢業便出社會就業，等於和公司同仁從二十二歲就一直在一起工作。一天二十四小時，包含加班在內，等於一天有一半的時間都在一起。

就同甘共苦的角度來說，是比老婆更重要的存在。公司裡有這樣的朋友，不是很好嗎？

為何要如此悲觀呢。沒有工作以外的生存價值？這是什麼不知足的話！因為不把工作當成生存價值的人多如過江之鯽。相比之下，把工作當成生存價值的人多麼可靠、多麼有男人味。

你之所以會擔心「沒有工作以外的生存價值」，難道不是受到周圍的影響嗎？不如向外拓展人脈、千萬不要變成只會工作的人。這些意見沒什麼錯處，但是並非百分之百正確。

就算向外拓展人脈，倘若只是表面關係，沒有內容的話，也只是浪費時間，一點好處也沒有。我不認為基於工作上的目的、利益至上的人脈，能派上什麼用場。應該要建立起能理解你的本質的人脈。

不用汲汲營營地勉強自己建立公司以外的人脈，只要公司內部的人脈夠扎實，公司以外的人脈就會自動拓展開來。

另一方面，只會工作有什麼不好。現在似乎有很多人把生存價值放在工作以外的興趣或玩樂上，但不是這樣的人也沒關係。

改革勞動方案好像讓工作變成一件罪惡的事，才沒有這回事呢。

二十四小時都用來思考工作上的事，才是專業的表徵。不管是我在銀行上班的時候，還是現在，二十四小時都在思考工作上的事。既然工作是為了賺錢，這是當然的職業道德。

絕對不要認為這樣有什麼不對！

20 「心病」之壁

小心罹患「明明（のに）」病

日本全國有一八三〇〇〇〇名五〇至五十九歲的憂鬱症患者（男性八一〇〇〇〇人、女性一〇二〇〇〇〇人），占二〇一四年日本全國共一一一六〇〇〇名憂鬱症患者的百分之十五點七（厚生勞動省調查）。五十多歲的憂鬱症患者似乎有愈來愈多的趨勢。

還有一個不好的消息。五十多歲的自殺者人數多達三九七九人（二〇一五年）。二〇一五年年的自殺人數為二四〇二五人，光是五十多歲人口就占全體百分之十六點六。

順帶一提，（1）四〇到四十九歲為百分之十六點九、（2）五〇到五十九歲為百分之十六點六、（3）六〇到六十九歲為百分之十六點五。從整體來看也是第二高。這是個大問題。

此外，到了這個年紀也會開始生病，以惡性腫瘤（癌症）為多，還有心血管疾病、腦血管疾病等等。

經濟上也是很吃緊的時期。五十多歲的人有一半都要背房貸，而且平均金額超過一千萬圓，十分驚人。要是運氣不好，領不到退職金，可就還不了了，所以很難下定決心離開現在的公司，去薪水比較少的公司。

再加上，如果還有小孩，年過五〇反而會突然多出許多房貸以外的支出。這是因為子女的大學學費，以及要寄給子女的生活費都會增加，絕不是因為把錢花在吃喝玩樂上。

最近有愈來愈多中老年人主動聲請破產，而且都集中在五十多歲、六十多歲的人身上。不只上班族，就連自行創業的人，到了五〇歲都得把錢花在家庭或事業上。有些是因為身體在五〇歲左右開始不聽使喚，但更多的是陷入五〇歲特有的中年失去希望的憂鬱狀態。

要是年輕時更勇於挑戰……。一想到來日無多，心情就會變得很灰暗。

五〇歲的破產危機

我五〇歲時，成了日本振興銀行的社長。日本振興銀行是日本第一家實施存款理賠的銀行，光是要處理財務缺口就令我疲於奔命。同樣擔任外部執行董事的律師朋友自殺了，他也才五十多歲。

為什麼要出任經營出現問題的銀行社長呢？那是因為我把對存款戶、融資對象、員工的責任，視為第一要務；問題是世人可不這麼想。一旦召開記者會，就會被當成壞人。對我沒有任何好處，我明明只是想對社會盡一份心力，才介入銀行的經營……。

現在可不是後悔嘆氣的時候了。我一一取消演講、上電視等工作。好不容易處理完破產問題，一顆心才剛放下來，又要面對債權公司提起高額賠償金的民事訴訟。

我被控告違反外部執行董事應善盡的注意義務。社會上充斥著外部執行董事，東芝和東京電力都不例外，就算公司出了什麼事，也沒有人被告。為什麼只有我！

總之，我當時不是普通的驚嚇，而是嚇得心臟都要停了，嚇得感覺天地都要崩塌了，妻子更是嚇得差點暈倒。

於是，趕緊請律師，打起沒完沒了的官司。要是輸了就會破產。

我已經絕望了！好不容易買的房子等財產和存款，與天文數字的賠償金比起來，根本是杯水車薪，小蝦米比大鯨魚。雖然最後是與對方和解，讓官司告一段落，但真是太痛苦了。

我在銀行「明明」沒做過什麼壞事、「明明」也沒賺錢、「明明」過去都活得堂堂正正……。我「明明」是一心為了客戶著想，才接下這顆燙手山芋……。

「明明」這兩個字在我腦子裡轉來轉去。

就是這個「明明」壞事。你最好也小心一點。

腦子裡一旦出現「明明」這個念頭，心裡就會充滿悔恨、悲傷、虛妄。

明明拚命用功，成績還是不好。

明明認真工作，卻無法升官。

明明這麼努力，卻一直遇到不識貨的上司。

總之，請摒除「明明」這個想法，因為這是造成憂鬱症的原因之一。

馬拉松拯救我免於憂鬱

老婆的朋友約我們去烤肉，我勉為其難地跟去了，發現席間有個田徑俱樂部的老闆，他約我「一起去跑步吧」。

「我沒跑過步。」

「沒關係，跑步很舒服喔。」

我以「只此一次，下不為例」的心態答應了。

於是，有各種煩惱的人聚集起來，一起跑步，邊跑邊討論彼此的煩惱，家庭的事、孩子的事、工作的事……。聽著、跑著，我心裡那團烏雲被吹散了。不是只有我一個人在煩惱。該說是「比上不足，比下有餘」嗎？我開始能客觀地審視自己。跑完以後，整個人變得神清氣爽，我從此迷上了跑步。

我開始跑步，加入跑步的社團，開始跑馬拉松。這真是太好了。

醫學也證實跑步有助於改善憂鬱症。例如我最近看到的報導中寫到「適度的運動能對憂鬱症患者帶來良好的影響」。跑步對輕度到中度的憂鬱症具有與藥物治療相同的效果。

根據這篇報導，運動有助於改善憂鬱症的原因如下（出處：「goo 健康新聞⓭」二〇一七年八月十八日）。

（1）有助於刺激β腦內啡（能創造幸福感、減輕疼痛的腦內神經傳導物質）的生成。

（2）促進血清素及去甲腎上腺素（Norepinephrine，被視為是憂鬱症

⓭ goo：為日本最大電信集團「NTT」所擁有的入口網頁，同是也是日本最多人使用的入口網站。

患者腦內缺乏的神經傳導物質）的分泌。

（3）紓解交感神經的緊張，有助於睡眠。

因此，情緒一旦低落，不如就去運動，而且最好是馬拉松這種不太需要分出勝負的運動。**馬拉松是與自己的戰鬥，一開始跑，就不會再去想那些有的沒的**。即使參加比賽，最後變成跑者，也會有人夾道歡呼：「快到終點了」、「好好跑」。

這也是在對你的人生加油打氣。

21 性騷擾之壁

「不應該是這樣的！」

都說人生「到處藏著意想不到的陷阱」，這個「意想不到的陷阱」最容易出現在五〇歲。過去一直老老實實地工作，離退休只剩下幾年，只要再努力一下……。就算心裡這樣想，萬一部下告你性騷擾，一切就完了。

事實上，我經常聽到年過五〇的人遇到這種事。五〇歲很容易成為性騷擾的「被害人」。「朋友的朋友因為性騷擾辭職了……」並不是什麼稀奇的事。可是當事者真的很困擾。你將失去社會上的立足之地，這是無法挽回的悲劇。性騷擾的影響就是這麼大。

女性部下來找你商量工作上的事，萬一肢體接觸過多、動不動就撒嬌地喊你「部長」、一天下來跟你四目相交好幾次，你很容易以為對方是不是對你有意思。

於是你約對方吃飯，孤男寡女去喝酒，還說：「妳很努力呢……。」我不確定挨告的人做了什麼，但顯然是有什麼輕率的舉動，才會被控告性騷擾。

另一方面，有時候是你根本什麼也沒做，但對方還是告你性騷擾。聽說也有可能是因為你一直不理對方，對方為了逼你注意到她，故意告你性騷擾。

像這種時候，你大可以表現得落落大方，只要你沒做任何虧心事，就不會有問題。反而是她會受到非議，主動辭職。

即使被主管約談，問你性騷擾的事，只要你是無辜的，一定會很快還你清白。

兩位因性騷擾遭降職的分行經理

我以前上班的銀行也有好幾個分行經理因為性騷擾被降職。

以下舉幾個實例。

首先是某位分行經理，他是個精明幹練的菁英，家裡還有兩位千金。他熱愛開船出海，喜歡在遊艇上親手做菜給大家吃，所以每個月都會在分行舉行一次聚餐，讓大家可以吃到他親手做的菜。

他還以為大家都很高興。沒想到副經理卻拜託他「別再做這種事了」，擔心發生萬一食物中毒的責任歸屬問題。

經理說：「別擔心、別擔心。」照舊舉行，部下也都很給面子地說：「很好吃、很好吃。」然後，一定會去唱 KTV，也一定會有女性員工與經理合唱〈銀座戀物語〉之類的歌曲。

這種活動每個月都會舉行一次。然而某一天，與他合唱的女員工卻告他性騷擾。分行經理在我（人事部）問他的時候是這麼說的：

「我有兩個女兒，深知性騷擾的嚴重性，怎麼可能做出這種事。」

經理大呼冤枉，堅持他絕對沒有對女部下性騷擾。

「她們很討厭你每個月都逼她們吃你親手做的菜、也不想陪你去唱

KTV，更不想跟你合唱。她們也有自己想做的事，如果每個月都得和你合唱〈銀座戀物語〉，一定會覺得很不舒服吧。」

我替他感到難過，因為他完全不懂女性員工心裡在想什麼。

「我還以為大家都很高興。」分行經理垂頭喪氣地說。

騷擾的原意是讓人覺得不舒服。只要強迫對方做他不想做的事，就是騷擾。如果裡頭又扯上性別要素，就會構成「性騷擾」。

這位分行經理所做的事被視為性騷擾，被解除了職位，貶到關係企業，再也無法重回第一線當分行經理。

還有以下的例子。

一位隻身外派的分行經理深受部下的愛戴，大家常去他的宿舍吃火鍋，總是聚集了好幾位下屬，有男有女。

宴過三旬，酒酣耳熱之際。

有個男部下嬉皮笑臉地說：「經理，我有個好東西。」

「什麼好東西？」經理問道。

「是沒有打馬賽克的A片。」

喝醉的部下毫無顧忌地讓大家看 DVD 封面。

其他人也跟著起鬨：「我要看！我要看！」

經理有些猶豫，看著女性部下，心想「算了，應該沒關係。」這時男性部下已經把A片放進播放機，電視裡出現男女滿身大汗，裸身相擁的畫面，甚至還有私密部位赤裸裸的大特寫。經理與部下邊喝酒邊欣賞。

由於女員工也跟著尖叫起鬨，經理以為應該沒問題。

然而，過沒幾天，女部下告他性騷擾。告他逼自己看A片。

根據人事部調查結果，確定分行經理也一起看，所以該經理就被降職了。

——早知道當時就應該阻止……。

千金難買早知道。

總之，一定要特別小心女性在職場上的情緒。

剛才介紹的兩位分店經理都已經五十好幾了，明明已經累積了許多資歷，卻因為性騷擾被降職，後悔一輩子，也沒臉面對家人。

萬一部下說你「性騷擾」，如果想方設法地希望對方不要告你，事情反而會變得很複雜，所以請先聽她怎麼說，什麼都不要做比較好。

最好不要激動地反駁：「我才沒有性騷擾。」也不要直接道歉：「是我不好，我向妳道歉。」而是要好好地向對方說明處理方法：「我明白了，倘若你覺得這是性騷擾，請去向性平會等相關單位申訴，請他們處理。」

無論如何，五十多歲的人已經是大叔了，除非真的長得很英俊，否則不可能受女性歡迎，要是沒有自知之明，可是會吃大虧的。

如今，性騷擾象徵著男性社會的威權，好萊塢有大牌製作人的性騷擾問題，日本也有知名記者的性騷擾疑雲，鬧得滿城風雨，甚至演變成社會事件，連財務省次官也保不住自己的烏紗帽。

男人比女人有優勢，女人對自己有好感，如果想要工作，就得乖乖聽話——這個觀念已經退伍了，要是敢這麼做，將演變成男人自己會在社會上失去立足之地的問題。

一定要搞清楚，這個時代的女人已經不再沉默了。

第三章

五〇歲的「再出發」策略——給「辭職派」的建議

22 選擇之壁

適合轉換跑道的人、適合自立門戶的人

老實說，誰也不知道自己是適合繼續留在公司、跳槽去別家公司，還是自立門戶。我能說的只有一句話，那就是**無論做何選擇，都要「正直、勤勉」**。被譽為瑞穗財團開山始祖之一的安田善次郎曾說：「正直就是所謂的正道。」顧名思義，**只要正直地、勤勉地走在自己的道路上，不論是要轉換跑道，還是自立門戶都會成功**。

以我為例（真不好意思），我四十九歲離開銀行，成為作家時，就下定決心每天至少要工作八小時，跟還在當上班族的時候一樣。

作家這一行不受任何人控管。幾點起床、幾點睡覺不用向任何人交代，

就算白天喝得醉醺醺也無所謂，甚至有作家直接以無賴為賣點。雖說不用向任何人負責，但一定要交出成績單才行。如果寫的原稿不能出版成書，就稱不上是作家。

我是由新潮社的江木先生、上田先生、剛先生這三位編輯帶出道的，所以我才會把筆名取為「江上剛」。他們拚命地阻止我辭職：「千萬不要離開銀行，辭職以後生計會出現問題。因為投稿者眾多，只有十個人能成為作家，要是擠不進那十個名額裡，就接不到連載的工作。」

出版社不會每個月給作家薪水，如果不寫小說，並且出版，讓讀者買帳，就沒有收入。不像銀行員時代那樣，就算請假也能領薪水。但我還是選擇離開公司，成為作家，完全沒有考慮過成功與否，這麼正經八百的問題。

若說我考慮的是什麼，唯有奉養父母的問題。我是三個兄弟姊妹的老么，但我哥哥姊姊很早就去世了，年邁的父母都住在鄉下（他們現在都去世了）。要是從事作家這種自由的工作，就能照顧住在鄉下的父母。我認為辭職當作家的好處就是住在哪裡都可以。但是從收入等穩定性來看，我選擇了風險最大的人生。

我寫的小說沒拿過任何獎，說得難聽一點，只是個自稱作家的傢伙，不知道能不能一直寫小說，當然也不確定出版社會不會委託我寫專欄。正因為如此，我才會要求自己跟上班族一樣，每天至少工作八小時。

至今仍堅守著無論如何，就是先坐在書桌前八小時的規定，所以我從未拖稿過。只能拿這種事說嘴真不好意思，但我認為多虧規定自己每天都要工作八小時，至今才能繼續當個作家，才能繼續接到工作。時時刻刻都要正直勤勉，如此而已。

別動不動就想換工作

換工作要小心一**件事**。**不是成功，也不是失敗，而是不要養成「動不動就想換工作」的習慣**。世人都說日本勞工欠缺流動性，原因出在人力市場，也出在我們心理：好不容易進公司，心裡對辭職都會很抗拒。我在銀行裡工作了二十六年，從未動過辭職的念頭。

「這也是過勞死的原因。」我的中國朋友說道。日本人很難下定決心辭職，於是有人會在拖拖拉拉時得了憂鬱症，甚至自殺。然而，也有人一旦換過工作，整個人都變了，開始一天到晚沒事換工作。有些經濟評論家還以換跑道的次數為賣點，可見也有人不把辭職換工作當一回事。

我的朋友換了十幾家公司，問他原因，他說是因為不小心和上司吵架，然後又嚥不下那口氣，所以就一直換工作。如果每換一次工作的條件都更好也無妨，但世事無法盡如人意。因為年齡確實一年大過一年。如果有傲人的資歷還另當別論，就算後悔一開始不該換工作也已經太遲了。所以換工作可以，但不要養成動不動就想換工作的壞習慣。這種人真的很多，而且一定會吃到苦頭。

做自己想做的事

就算自立門戶，也不見得一定成功。就算背水一戰，也必須擁有自立自強的精神，不管發生什麼事都要不為所動。絕對不要天真地以為遇到困難，可以求助旁人或父母。不要隨便聽信輕易就能賺錢的事。

年過五〇，肯定會收到如雪片般飛來勸你自立門戶的座談會廣告。很容易陷入只要去聽，就能輕鬆創業，創造高收入的錯覺。就連銀行等在社會上有些信用的公司所舉辦的座談會也不例外。不管你獨立之後的結果是成功或失敗，座談會的主辦人都不痛不癢。請不能依賴別人，一定要有自行創業的獨立氣概，要是過度仰賴顧問的建議，反而容易失敗。

不知道這能不能稱之為獨立獨行，很多人聽信房屋仲介保證三〇年都會有人承租的花言巧語，申請高額房貸來蓋公寓，結果找不到房客，經濟陷入窘境的問題層出不窮。泡沫時期也有同樣的被害人。從這個角度來說，現在或許又是另一個泡沫期。其實用常識想就知道，誰能保證三〇年後的事。不要因為是銀行這種在社會上有點信用的公司推薦，就信以為真，自立門戶的原因絕不能是因為相信別人、指望別人。

我認識一個住在日本的台灣人，他覺得在日本生活很刻苦，因為他完全沒有我們日本人那種萬一有個三長兩短的時候，或許可以請別人幫忙的天真想法。他有很多房地產，全都是他親眼看過、確認過建築物的位置，用自己的資金購買，藉此賺取租金收入，沒依靠過任何人。

總之，一定要提高警覺，不要被騙。如果是自己心服口服的投資，就算賠本也不會怨天尤人。

我還有一個建議，好不容易自立門戶，請做自己想做的事或上班族時代想做而不能做的事，例如遭上司反對而無法實現的產品點子或專案等等。以我為例，當上作家以後，我發現當作家最好的事，就是發現自己原來這麼喜歡「寫作」這件事。**總之，既然要自立門戶，就要做自己想做的事，這樣才能無怨無悔**。

23 轉職之壁

「愈來愈多人中年換工作」是真的嗎

中年、年過五〇換工作的人好像變多了。這麼說可能有點失禮，但這豈不是證明了五十多歲的人是公司的不良債權嗎？

市場上有數不盡的不良債權，要是不壓低價格傾銷，就不會有人買。若不疑有它地全盤接收五〇歲換工作的人變多的資訊，心想「那我也來換工作吧！」肯定找不到工作。

仔細想想就知道了，如果重新雇用五〇歲的你，再花錢、花時間教你的同時，還必須支付不算低的薪水，但你能為公司效力的時間頂多十幾年，投資報酬率很差。在這方面，如果是年輕人，薪水不多，而且能為公司效力很久，就算要花錢、花時間教育，投資報酬率也不算太差。誰都不需要沒有技術的五〇歲人才。在考慮換工作時，千萬別忘了這個嚴峻的現實。

我有個朋友在經營運輸業。雖說是運輸業，也只是名下有些小車，外包大型宅配業者A公司的業務來做。但他具有宅配的知識，知道該怎麼有效率地把貨物堆在比較小的貨架上、以什麼路線來運送。

在日本，運輸業目前很缺人手，很多人從搬家業轉進宅配業，搬家費用也大幅上漲。另一家大型宅配業者B公司開出保證年薪七百萬圓以上的條件，希望他跳槽過去。B公司需要的其實是年輕人，但是沒魚蝦也好，所以也對五十九歲的他遞出橄欖枝。

「你既有知識，也有經驗，請務必來敝公司上班。」B公司的負責人苦苦哀求。他拒絕了。因為他沒有自信能達成B公司要求的業績。

「太辛苦了，我已經上了年紀。」他是這麼說的。

B公司保證給他七百萬圓的年薪同時，也要求他必須達成配送數量的業績，這個社會果然沒這麼好混。如果B公司是因為他有經驗，請他去指導年輕人，或許就能說動他，但是B公司卻要求五十好幾的人和年輕人達成相同的業績。經過冷靜的判斷後，他認為自己做不到。

即使是這麼缺人的運輸業，需要的人才與五〇歲的能力依舊存在認知差距，這種例子屢見不鮮。目前需要的多半是勞動方面的人力，例如：宅配、餐廳、清潔打掃等等。用膝蓋也知道，這種工作對五十多歲的人來說太吃力了。

IT業也求才若渴。但IT業只需要年輕人，超過五〇歲根本不在考慮範圍內。

讓自己變成「優良存貨」

我認識一個五十多歲的IT技術人員。他從年輕就是非常優秀的IT技術人員，最近得了憂鬱症，開始去精神科接受治療，據說是因為跟不上工作技術一日千里的腳步。

他的IT技術至今仍沒有任何問題，只是跟不上日新月異、瞬息萬變的腳步。再怎麼努力學習，都跟不上技術的進步。這讓他感到走投無路，甚至得了憂鬱症。即使年輕時不當一回事，到了五〇歲也會變得很吃力。

絕不能以出清不良存貨的心態在五〇歲換工作。必須把自己當作是優良存貨，換工作才會順利。所謂的優良存貨，意指就算在現在的公司屬於不良庫存，只要別家公司認為你十分優秀就行了。

舉例來說，目前是個可以在網路上聽音樂的時代，已經不再需要唱片播放器或錄音機了。然而，部分玩家還記得用唱片播放器或錄音機聽音樂時，那種至高無上的喜悅，就算所費不貲，也想得到這些機器。

你是唱片播放器，也是錄音機。你必須遇見無論如何都想要你的知識、人脈、過去技術的伯樂，這也是年過五〇的人成功換跑道的不二法門。

不要以為現在景氣不錯，到處都需要人才，隨時可以換工作。切記那是屬於年輕人的特權，五〇歲的你已經沒有這項特權了。必須像我那位運輸業的朋友，**不要因為就業市場比較活絡就沾沾自喜，而是要冷靜地搞清楚自己的實力**。

24 「市場價值」之壁

成為「有本錢辭職」的人

該怎麼做才能成為「有本錢辭職」的人呢？

事到如今還能說什麼呢？一旦年過五〇還說這種話，這種人就沒有本錢辭職，不管再怎麼尸位素餐，就算被批評只領薪水不做事，也要巴著現在的公司不放。

話雖如此，我還是試著站在這種人的立場思考了一下。

首先，為什麼想辭職？

最大的原因可能是現在的公司不再有吸引力，我也曾有過這樣的狀態，不再像年輕時充滿幹勁。這是站在想辭職者的立場思考的結果。第二個原因可能是公司覺得某員工不再有吸引力，已經變成不良庫存了。簡言之，這名員工對現在的公司已經沒有利用價值了。

不管是員工認為公司不再有魅力，還是公司認為員工不再有魅力，總之員工想辭職……。就如同夫婦會離婚、情人會分手，不可能永遠都處於濃情蜜意的狀態。到了五十多歲，雙方的魅力都會減退，就算結了婚也一樣，聽說五十多歲的人最容易外遇。（是真的嗎？）

在這種情況下繼續上班，你可能會得憂鬱症也說不定。一旦生產力無法提升，公司就會覺得你更可有可無，於是你只好開始思考是不是要換工作或自立門戶。

先從盤點自己的技能開始

那麼**為了下定決心做個「有本錢辭職」的人該怎麼做呢？我的建議是「盤點自己的技能」**。

這是什麼意思呢？你也許會這樣的質疑，但請你回頭想想公司把你栽培到五〇歲，你到底累積了哪些技術，或者說是知識和經驗，然後再換算成某程度客觀的市場價值。如同老唱片播放器或錄音機有其需求，你努力到五〇歲的漫長職涯，應該讓你學會了無數的技巧。要有自信一點。千萬別說才沒有那種東西……。

假設你有在國外工作的經驗，應該會對那個國家的經濟情況特別熟悉。印尼？越南？美國？德國？還是南美？就算在現在的公司已經沒什麼發展性，公司希望你讓路給年輕人，或許到了別家公司就能一展長才。如果你在某些國家還有人脈的話就更好了。以 IT 技術來說，就算在現在的公司派不上用場，或許到別的地方就能暢行無阻。

如果是長年都待在國內工作的人，不妨仔細分析你的工作內容。對象是法人、個人？如果是個人，是有錢人，還是普羅大眾？業務範圍？如果是管理部門的人，不妨思考自己擅長哪個領域。是人事，還是處理呆帳？請一樣一樣拾起你努力到現在學會的技能。

像這樣盤點自己的技能，衡量是否具有市場價值。可以上網查，也可以去找人力顧問之類的公司諮詢。總之，要秉持著「人生不會白費」的信念，為自己的技術找出價值。結果可能會有意想不到的公司請你跳槽。

那家公司肯定你的技能，所以跳槽過去一定會順利。

獨立成為小說家的契機

在盤點的過程中，你或許會找到自己想做的事，屆時或許會成為你離開公司的契機也說不定。

我離開總公司，就任分行經理之際，妻子告訴我：「不要一直黏著我喔。」於是我參加了朝日文化中心的小說講座。以分行經理的立場來說，下班後也不能一直留在公司，會害部下不敢準時下班。但我又不喜歡應酬，在總公司經常工作到三更半夜才回家，所以妻子勸我最好培養點興趣。

我接受妻子的建議，索取了朝日文化中心的資料，發現有小說講座。我問自己想做什麼時，答案是寫小說。那一瞬間，我回想起高中、大學時代出版同人誌時，那股興奮雀躍的感覺。

向同好邀稿、製版印刷、描繪封面、裝幀、請書店上架。雖然是油印的雜誌，成本低廉，品質粗糙，但還是有商店願意在雜誌上刊登廣告。

「請放在這裡。」我當時住在東久留米，宿舍附近的「山本書店」很支持我們，我到現在都還非常感激。名為「網元」的餐廳也向我們買過廣告。腦海中浮現那些人的臉，感謝他們願意支持我們這些穿著汗濕的T恤、髒兮兮的牛仔褲，簡直與異議分子沒兩樣的學生。

能不能再找回那股興奮雀躍的感覺呢？恩師井伏鱒二老師告訴過我的話：「小說什麼時候都能寫。」在耳邊甦醒。寫小說的技能應該還沒有完全忘光，在銀行經歷過的各種經驗也在不知不覺中強化了這項技能。

人生會在意想不到的地方發揮作用

我興沖沖地參加小說講座，寫出比老師規定的作業更多的短篇小說。老師說半年至少要寫一篇短篇小說，但我寫了三篇、四篇給一起參加講座的夥伴看，請他們批評指教，樂此不疲。

當時我的好朋友高杉良先生看了其中一篇〈微不足道的抵抗〉，非常喜歡，請評論家佐高信先生幫忙推薦，刊登在《小說新潮》上。我這樣就心滿意足了，但新潮社的江木先生、上田先生、剛先生等三位編輯對我說：「希望你寫長篇。」我答應他們我會寫，從此以後長達十個月的時間，我每個月底都從高田馬場分行帶著一百張原稿，坐東西線⑭去新潮社交稿。累積到一千張的時候，他們稱讚我：「從未見過像江上先生這樣每個月都不拖稿的人，讓我們來出書吧。」

我抓住這個機會，成了作家。

⑭ 東西線：由東京地下鐵株式會社（Tokyo Metro）建造的地鐵線，由於以東西向貫穿東京都，因此稱為「地鐵東西線」。

「要努力完成銀行的工作。」井伏老師的交代一點也沒錯。多虧努力工作，我才能培養作家需要的技能，也才能擁有市場價值。

請各位也「盤點自己的技能」，重新擦亮自己這個不良庫存，變成優良資產。

25 人脈之壁

五〇歲以後「人脈」比「錢」重要

除了前面提到過「盤點自己的技能」，也請務必「盤點名片」，這也可以說是「盤點人脈」，細節已經在第二章介紹過了，請回頭參照。

盤點名片的過程中，絕對不能丟掉與你共患難，即使你離開公司，也視你為獨立的個體，並肯定你個人的人物的名片。這些名片在你離開公司以後，也會很有幫助。

倘若你打算換工作，可以放心大膽地請他們幫忙，他們會設身處地為你尋找適合的工作。因為他們比你更了解你的技能、人品，所以應該能成為你職涯中很大的助力。

倘若你打算自立門戶，也可以與他們討論獨立計畫，他們會給你很多建議，讓你的計畫變得更扎實，或許還會介紹新的人給你認識，大大提升你自立門戶的成功機率。

還有一點必須要注意。那就是在「盤點名片」、「盤點人脈」的時候，你一定會覺得非常失望，因為可以留下來的人太少了。說不定只剩下十幾個人，甚至是個位數。或許你會感嘆：「沒想到我在公司待了三〇年，居然只有這些人願意為我設身處地著想……」

但是，請不要失望。世界就是這麼回事，上班族的人脈是公司的東西，一旦你捨棄公司的招牌，幾乎什麼也沒留下是很正常的。**你只要好好地珍惜那十幾張，甚至只剩下幾張的名片就好了。因為那些名片才會孕育出真正的人脈**。不妨換個角度來看，少一點反而更讓人期待未來的邂逅不是嗎？

比透過聚餐建立人脈更重要的事

說到這裡，或許你會認為公司以外的人脈很重要，開始頻繁地出席各種派對或聚餐的場合。然而，現在再做這些事已經太遲了，也或許已經來不及。不過，如果不想後悔莫及，就要重新審視現在的工作，小心不要陷入唯公司馬首是瞻的陷阱。

年過五〇，不需要再對公司言聽計從，應該要認真站在客戶的立場，比以前更仔細聆聽對方說的話。對方大概會認為你是「非常有吸引力的人」。要是年輕就開始這麼做，應該能培養更多願意說真心話、願意為你設身處地的人脈，但是現在開始也不晚。只要有心，所有的事都來得及。

年過五〇，不管是要離開原公司換工作，還是要自立門戶，「人脈」都比「錢」更重要，人比錢更能使鬼推磨。盤點名片後，倘若找到誰是你「辭職後也想繼續跟這個人交往」的人，那麼從現在開始就要與對方推心置腹，讓對方認識真誠無偽的自己。

我在銀行上班的時候，曾經擔任過公關，認識許多記者和編輯。不是我自誇，我在他們眼前毫無保留，應該也贏得他們的信賴。即使我從事寫作這麼不穩定的工作，他們也明裡暗裡地支持我，我非常感謝他們。

當我成為作家，為日本振興銀行的醜聞召開記者會時，會場中坐滿願意把我當成獨立個體來看待的記者，我高興得差點流下眼淚。就因為在他們眼中得到無言的支持，我才能克服這個難關。

我很尊敬三井財閥的巨頭——池田成彬⑮說過：「存人比存錢重要。」他把大部分的收入都用來建立人脈，把錢花在認識人、與人交流、支持別人上，擔心他揮霍光所有財產的朋友介紹賺錢的管道給他，也有人警告他不多存一點錢，將來生計會出問題。當時他告訴朋友的就是「存人比存錢重要」這句話。因為他有存人，所以沒問題。

如他所說，他在戰時、戰後這種捉襟見肘的大時代幫助過許多人（參考拙作《我不解釋》PHP 文藝文庫）。**人脈才是最珍貴的財富，這點請務必牢記在心**。

⑮ 池田成彬；為二〇世紀二戰前，活躍於日本政壇的政治家和金融鉅子。曾入閣為財務大臣，同時也是日本三大財閥中，三井財閥的三巨頭之一。

26 提早退休之壁

對自己的決定不後悔

經常聽到五〇歲的人說，公司開始暗示要他急流勇退了……。就算公司沒有暗示，也有人主動提早退休。不難理解他們認為五〇歲還有體力，是挑戰第二春的最後機會。

如果要我對這種人說一句話，我會說：

「別擔心。抓住這個機會，帶著你的憤怒，遠走高飛。」

這句話聽起來有點帥氣，對吧？這是因為過去我自己也曾經站在同樣的立場上。

我四十九歲時，公司也問我要不要提早退休。當時是銀行第一次要募集五〇〇個願意提早退休的人。

我也是有骨氣的人。曾經拚命解決職業股東這個前所未有的難題，把家人也捲進來，好不容易才告一段落。後來，還盡全力處理其他人連碰都不想碰的與職業股東及黑道交涉、收回呆帳、取消交易等，說是骯髒事也不為過的工作。

另外，也據理力爭地向高層爭取組織改革、股東會改革等等。要將倫理意識深植於銀行內部，使其開花結果費了我好大一番工夫。銀行之所以能撐下來，不至於倒閉，多多少少也是因為有我的努力……。

我當時是這麼想的。但現在回想起來，這都只是我的一廂情願。

否則公司不會來問我要不要提早退休。聽說四十五歲以上的人都被問過。而在公司的退休資料上，也描繪著提早退休後能有多彩多姿的人生。

我打從心底怒火中燒。

——你們把我當什麼了！

這是我的心情。

——就算要找人提早退休，也選一下對象再問，混帳東西！

真想衝進人事部破口大罵。

不過，當時日本興業銀行、富士銀行，以及第一勸業銀行正經過整併，變成「瑞穗銀行」。

我之於第一勸業銀行或許是「The Only One（獨一無二的存在）」，但是之於瑞穗銀行可能只不過是「One of Them（眾多小螺絲之一）」。

那時，我氣急敗壞地想：「那我辭職給你看。」

決定離職的瞬間

可是還不能下定決心。顧慮到家人，子女還在念大學，辭職以後他們怎麼辦，未來一片前途茫茫。於是，內心悶悶不樂。

就在這時候，我被叫去銀行開會，會議上，董事們向大家說明為了增加公司資本，將向客戶集資一兆日圓。董事高高在上地對在場的分行經理說：

「無法募集到資金的人不配當分行經理。」

我氣壞了。

經營是董事的工作吧！線上交易出狀況、由著職業股東來鬧事……搞得亂七八糟，因為資金不足，想從客戶身上挖錢來填補這個缺口，要我們「去弄錢回來」，這種話虧他們說得出口。

還說無法募集到資金的人不配當分行經理，沒禮貌也該有個限度。這跟向商店街或八大行業收取保護費的流氓有什麼兩樣。你們統統給我引咎辭職，搞清楚責任歸屬後，再去向客戶磕頭懇求：「請幫幫我們！」

那一瞬間，怒氣超越臨界點，我下定決心辭職，不再迷惘。

我鐵了心不去募資，總公司當然頗有怨言，但我全都當沒聽見，然後十二月提出提早退休的申請，三月底離職。在我四十九歲的時候。

大家都說明明忍到五〇歲就能當上董事……。也有人認為我是叛徒，說我在銀行裡捅了那麼多婁子，居然拍拍屁股就走。

但我已經提出辭呈了，不可能再回頭，只能往前進。

話雖如此，但我對離開公司要做什麼毫無計畫，只是先辭職再說。也沒跟妻子商量辭職的事。當我提出提早退休的申請時，只丟下一句：「我不幹了。」妻子則回答：「哦，是喔。」

我猜她內心是崩潰的，只是沒有表現出來。後來我問她，她當時的想法是「你有你的考量，我猜你一定都已經想好了」。

離開銀行是有限制的，必須簽署保密協定，保證不去其他銀行或客戶那裡，才能離職。

為了感謝妻子一路以來的相挺，我和她一起去義大利旅行了三週左右，非常奢侈。

一回到家，就接到寫作的工作。除此之外，很多我在分行當經理時認識的人都請我去演講，想方設法支持我的寫作之路，對我不穩定的生活產生很大的幫助。

過去非常照顧我的富士媒體控股集團的前社長太田英昭先生（現為產經報社顧問）說他剛開了一個新節目，問我要不要上電視。我記得太田先生當時是資訊部門的局長，正為名為〈早安星期六〉的早晨資訊節目尋找評論員。而至今，我們全家仍與太田先生家保持密切的往來。

我雖然沒有任何計畫就衝動地離開銀行，但我認為自己沒有財產也沒有任何依靠的想法，反而是我的財產。我認為自己一向誠實地面對客戶、朋友、媒體夥伴，或許也有過失禮的行為。然而，當我離開銀行這個穩定的大型組織，他們非但對我不離不棄，還主動來接近我、給我工作，一有什麼事就對我伸出援手。讓我覺得人生還有希望。

在那之後，我比以前更認真，以來者不拒的心態面對大家交給我的工作，直到今天。

相信自己

會煩惱是不是要提早退休是人之常情。

不曉得跳出舒適圈，外面的世界會颳著多麼冷的風。要是沒穿好厚外套就衝出去，肯定會馬上感冒吧。或許不止感冒，還會凍死也說不定。

煩惱的人滿腦子都是不祥的預感，就算是稍微把窗戶推開，從暖和的房間往外看。也不會輕言一定要跳出去。這樣地仔細思考也無妨。然而，做決定往往只是一瞬間。時間短到可能不是真的很確定為何要破窗而出，或為何要關上窗戶。

我只有一句話要說。

人類沒有分身術，只有此時此刻的自己，只有此時此刻在這裡的自己。只要能理解這是牢不可破的事實就行了。

這麼一來，就不會後悔自己做出的決定。

請相信此時此刻存在於這裡的自己，不管是推開窗戶跳出去，還是關上窗戶躲在屋子裡，都不會後悔。僅此而已。

27「自立門戶」之壁

人生的行李愈少愈好

除了提早退休、換工作等選擇以外，還有一個「自立門戶」的選項。也就是利用過去的經驗，獨立創業，或成為自由工作者。

我就有個「朋友邀他一起創業，不知是否要答應」的男性友人。

我問了他三個問題。

1. 邀你創業的朋友值得信任嗎？
2. 對現在的工作有什麼不滿嗎？
3. 答應朋友的邀請，能否實現你長年的夢想？

倘若以上的答案都是「YES」，不妨鼓起勇氣接受對方的邀請。接下來，就是即使失敗也不要後悔。

我還有另一個朋友，年過五〇沒有出來自行創業，但是前主管請他到其跳槽的地方擔任董事。

——要不要來我們公司？

朋友已經離婚，單身，沒有任何牽掛，當時對工作也有點倦怠。於是他相信以前的主管，提出辭呈。

然而，以前的主管卻遲遲沒有跟他聯絡，他覺得很奇怪，主動打電話給對方。沒想到以前的主管居然不當一回事地說：「啊，不好意思，徵人的事突然有變化，無法雇用你了，沒及時通知你真不好意思。」臉上一絲愧色也沒有。

朋友氣得要死，但也已經於事無補。因為是他自己要相信以前的主管，辭去工作，事到如今不可能再回頭了。朋友為了找工作四處奔波。有段時間真的存款見底，就連吃飯都有問題，我還借過他錢。

——只能去死了。

他甚至說過這麼絕望的話，害我擔心死。幸好現在已經是自由接案的經營顧問，收入不成問題，但是跟以前在公司上班的收入比起來，其實少很多。儘管如此，朋友並沒有後悔，因為比起收入，他更享受現在自由接案的立場。

為了順利走在五〇歲的下坡路上

為了不重蹈我朋友的覆轍，**你一定要先找到下一份工作再離開公司。貿然辭職的風險太大了。面對朋友的邀約，把能不能改變現狀寄託在要不要相信朋友上，有好有壞**。

這麼說是因為我認為**都五〇歲了，不該再把自己的人生交給別人決定，自己做決定比較不會後悔**。

雖為老生常談，但自己決定是最好的。對方請你去做的工作是不是自己想做的事也很重要，絕不能光看收入。

孔子也說：「五〇而知天命」。

我認為這是要進入「豁達」的境界，或許五〇歲是必須捨棄很多東西的年紀。收入、名聲、地位……。魚與熊掌，不可兼得。過去在公司得不到的東西，不可能一離開現在的公司就突然得到。捨棄無謂的東西，收入、名聲、地位……全都不要了，最後只會剩下成就感。

五〇歲是走在下坡路的年紀。為了不要跌跤，行李愈少愈好。

可以感受到成就感、樂趣的工作才是確實的容身處，不是嗎？那是薪水再高也得不到的喜悅。萬一只看薪水就貿然離職，肯定有天會覺得「不應該是這樣的」。

我也是離開公司以後，才發現自己原來這麼喜歡寫作。這很正常。有時候要提出辭呈、變得一無所有後，才能發現真實的自己。

因為我知道離開公司的庇護有多麼辛苦，所以不是很建議大家貿然辭職。然而，想離開的人就算阻止也攔不住。就像一開始提到的朋友，雖然來找我商量，但心中其實早有定見不是嘛！

28

「安定」之壁

有錢好辦事，但沒有錢也不會死

我認識一個非常特立獨行的前警官，他現在是位律師，但是年過五〇就放下所有事物，與妻子在北海道生活。即使日子過得很簡樸，但還是有一個小小的奢侈，那就是每年都會去不同的國家旅行一個月以上，蒐集情報。

「你是 CIA 啊。」我有時候會開他玩笑，因為他蒐集的情報真的都很扎實。

我一直覺得很奇怪，他既不是警察，也不是律師了，又不是哪家公司的顧問，這些生活費打哪兒來。

有一天，他苦笑著說：「最近的零利率真令人吃不消。」

一問之下，才知道他已經做好「要活到幾歲」，臨死之前把存款花光的計畫。

「能這麼順利嗎？」

我笑著打趣他，雖說最近的零利率政策使利息收入少於預期，但他還是過得很快樂……。

要離開公司，當然得做好收入會減少的心理準備。以主播之類的職業為例，當紅主播有人一夜之間就能進帳好幾億圓，可是為此必須一直穩坐第一線才行，萬一哪天不紅了，一旦恢復自由身，收入就會銳減。

以我為例，當我還在銀行上班時，收入還不錯，很幸運地在自立門戶以後，賺得比上班族時代還多。因為我除了寫小說，還有上電視及演講等其他的收入，真的很幸運。老實說，如果只靠寫作，生活可能會出問題也說不定。

自立門戶象徵著「雖然不安卻沒有不滿」

有人說上班族是「雖然不滿卻不會不安」。同理可證，獨立大概等於「雖然不安卻沒有不滿」。

就算當上作家，有時候一旦過了賞味期限，書開始賣不出去，演講機會大幅減少，就會完全沒有收入，可是又還不到領年金的年紀……。

當我出任日本振興銀行的社長，為了日本第一起存款理賠案召開謝罪記者會時，只能勉強保住執筆的工作，至於上電視或演講等工作則全部取消。我和妻子都覺得天快塌下來了，所謂的不安就是這麼一回事。

可是，如果要我說點動聽的話，那就是「我不是為了增加收入才離開公司的」。再說了，辭職的時候要是考慮到收入，根本不敢辭職，還不如繼續熬下去，因為待在公司裡有安全感多了。

但**我就算收入減少，也想要自由。我有想做的事，也有想實現的夢想。或許只是自我滿足，但我想順從自己的心意。**

我再說一次，要是考慮到收入，考慮到貸款和孩子的學費，根本不敢辭職！請絕對不要離開公司！

因為太想得到自由，才能不顧一切地辭職。換工作也是相同的道理，如果是因為對方提出有利的條件、有利的收入而離開現在的公司，肯定不會順利。最好是因為對新公司有理想，認為去那家公司能做自己想做的事，再談離職。

正如耶穌基督所說：「人活著不是單靠食物。」如果滿腦子只想尋找美味的食物，人會變得膚淺。應該要想清楚收入只是結果。**離開公司以後，不管是要換工作，還是要自立門戶，都得靠自己努力，認認真真、老老實實地工作，才能得到肯定的結果**。如果，這個結果同時也能實現自我不是很棒嗎？根本不用擔心收入減少的事。

要把人生的價值擺在哪裡？

我有個建築師朋友在大型承包商上班，無論如何都想打造自己理想中的家，所以出來自立門戶，起初完全接不到工作，嘗遍辛酸，但他還是不屈不撓地努力，終於開始有人委託他蓋房子，而他也盡心盡力地為委託人打造出一個完美的家，如今已在市中心開了自己的事務所，就連他以前上班的大型承包商也給他工作，令他十分欣慰。

一切都只是結果，是正直、勤勉的結果。儘此而已，再無其他。

「我丈夫說要辭職，我們大吵了一架。」一位女性友人如是說。

她丈夫任職於大型製藥公司，突然說他想辭職，去藥房當藥劑師，有朝一日開家屬於自己的藥房。

孩子分別就讀大學與高中，都還需要學費，房貸也還沒還完。

「我問他到底在想什麼！結果大吵了一架。」她苦笑著說。

不過，當她下定決心，只能嫁雞隨雞、嫁狗隨狗後，她興高采烈地告訴我：「總算找到活路了，丈夫臉上的笑容也比以前多。」

收入雖然減少了，但是再也沒有比全家團結一心更美好的事。她丈夫在公司承受了許多無法告訴她的壓力，可自從他辭職、以自立門戶為目標，開始在藥房上班後，壓力全都煙消雲散，轉化成朝著目標奔去的動力。

簡單地說，就是要把人生的價值擺在哪裡？你自己和你的家人都得想清楚。如果把價值放在穩定的收入，最好留在公司，可是比起充滿壓力的生活，與家人鬧得不愉快，如果全家都能同心協力迎向新的目標，辭職會比較輕鬆。

如果是看在收入的份上離開公司，很容易被收入多寡吸引，慘遭詐騙，或是誤入莫名其妙的公司。**五〇歲已經是不能失敗的年紀了**，所以反而更容易被騙。

離開公司以前，請先冷靜地重新審視自己的價值觀，做決定時不要只把重心放在收入上。收入只是結果。

29 金錢之壁

重新審視家計的「財務報表」

如前所述，不管是要換工作，還是要自立門戶，在意的無非是金錢的問題。舉例來說，假設你五〇歲，有兩個小孩，加上妻子構成一家四口的家庭，兒子念大學，女兒還是高中生。此外，還有一千萬圓的房貸要還。

兒子雖然爭取到獎學金，但還需要生活費。女兒將來想當鋼琴老師，目標是考上音樂大學，這筆額外的訓練費用也不容小覷。妻子是家庭主婦，雖然有在兼差，但收入不足以支撐家計。

你在公司裡的職位是經理。

前幾天，部下來請教你的意見，說他被女朋友甩了。你帶他去喝酒，希望他可以打起精神來，這頓飯花了日幣兩萬五千圓。你每個月的零用錢是五萬圓。相較於部下只有兩到三萬圓，算是比較多的，但還是捉襟見肘。

妻子一臉憂愁地問你：「要給兒子的生活費怎麼來？」

你很想說：「那妳也多兼一點差啊！」但忍著沒說出口。

問題是，到底該怎麼辦？

難道只因為「我要換工作」的理由，就要子女放棄升學嗎？怎麼可以。身為全家人的支柱，萬萬不能說出那種絕望的話。領隊一旦認輸，比賽就到此為止，當然是以敗北收場。所以領隊不能認輸。只要積極地調整戰線，重新振作起來即可。

話說回來，就算不換工作，遲早有天也會因為讓位給年輕人，或下放到子公司而導致薪水大不如前。或許要先計算一下照這樣下去，一輩子能賺多少錢再說。

最理想的作法是先請教會計師或財務規畫師，徹底地減少浪費。根據他們的建議，與妻兒交換意見，一起思考換工作或自立門戶後要怎麼維持家計。

開誠佈公地說清楚，讓子女都能理解現狀。

相信家人的力量

——重建公司時，只有社長氣急敗壞、急到跳腳，也無法讓經營狀況好轉。要先分析現狀，對此公開所有的訊息，與所有的員工朝同一個方向努力。重點在於要朝著同一個方向努力。

這是京瓷⑯的創辦人，同時也是重建日本航空的稻盛和夫先生，說過的話。

稻盛先生沒有航空公司的知識，飽受「外行人哪有本事重建」的批評。但稻盛先生每次與董事或員工一起去聚餐喝酒的時候都坐在最中間，且總是不厭其煩地說著：「讓我們朝同一個方向努力吧。」

說著說著，董事及員工開始產生變化了，所有的人團結成一條心（參考拙作《再次展翅高飛》PHP 文藝文庫出版），也讓日本航空順利重建。

請誠心誠意地向家人說明你的想法，為什麼會選這條路，取得他們的諒解。說不定，這麼一來還能讓家人比以前更團結。孩子們一定會全力全意地支持你。

請相信家人的力量！

⑯ 京瓷：全名為「京瓷株式會社」，由稻盛和夫創建，是一間生產消費電子產品的公司，總部設在京都。

30 後悔之壁

快樂度過「第二人生」

如果想意氣風發地活下去，就必須擺脫「明明」的束縛。某位公司董事明明對社長鞠躬盡瘁，卻被調到無關緊要的職位，雖然保住了身為董事的面子，但是明眼人看了，都知道他已經被排除在權力核心之外，因為他的工作能力太強了。

有一次，部下向社長進讒言，說他「狐假虎威」。社長大概從以前就嫉妒他工作能力好，又受部下愛戴，對他抱持高度警戒，所以才會聽信讒言。因為他就連對著社長也是想到什麼就說什麼，社長心裡肯定不太高興，所以他就被貶到無關緊要的閒差了。

這時，我建議他要擺脫「明明」的束縛。要是腦子裡只有「明明」這兩個字，明明已經盡力了、明明已經很努力了……不知不覺就會被「明明」占滿，再也裝不下其他任何東西，腦袋遲早會爆炸。

人生不如意事十之八九，這是再簡單不過的道理，可能有人會認為這種說法太假清高了，但事實就是如此。就像有人明明是財務省⑰的菁英，一路升官發財，暢行無阻，可是卻跌了一跤，被叫去國會追究責任。也有人明明當到了文部科學省⑱的事務次官，基於自己的信念批評國家政策，結果罷官在家，以自由之身到處演講，卻還是受到政治家的批評。

明明直到昨天還風平浪靜，什麼事也沒有，過去也沒出過什麼大亂子，但是有一天卻突然天翻地覆。再後悔早知道那時候就不要做出那種判斷，也

⑰ 財務省；前身為「大藏省」，是日本政府最高的財務、金融機關，於二〇〇一年改制成立。

⑱ 文部科學省；前身為「文部省」及「科學技術廳」，分別為日本政府的最高教育機關和科學機關，於二〇〇一年時改制合併。

已經太遲了，屆時只能憑著信念採取行動。

如果老想著「明明」怎樣怎樣，只會讓自己活受罪。

後悔令人身心俱疲

年過五〇，不管是要留在公司、換工作、還是自立門戶，都不要再回頭看，而是要珍惜「現在」。老是把早知道就不要辭職、早知道當時就不要做那種判斷等「早知道」掛在嘴上，為此耿耿於懷，這樣只會讓身體和心靈都不堪負荷。

日本振興銀行出事時，與我一同作戰，為重建並肩奮鬥的A律師自殺死了。我們前一天晚上還一起工作，還跟大家吃飯，說了「明天見」道別，但他再也無法迎接第二天的早晨了。我到現在都很遺憾，為什麼沒有留意到他要自殺的預兆，我真的毫不知情。但我清清楚楚記得他曾經說過：「你遲早會明白我的決心。」

但是在場的所有人都說沒聽到這句話，所以可能只有我聽見他的心聲。他一定是被「明明」病附身了。沒有人知道他自殺的原因，也不能任意推測。

然而，讓我說的話，我認為就是「明明」害死他的。我明明是那麼努力工作的律師……。他每天都困在「明明」裡，苦不堪言。我到現在都很後悔，沒能幫他擺脫「明明」的桎梏。

德不孤，必有鄰

除此之外，我還有個在大報社當董事的朋友，因為受到輿論的攻擊，就連跟我見面的時候也要遮著臉。他是編輯部的董事，針對某件重大社會新聞登了一整版獨家報導，那篇報導雖然沒錯，但有點太急了，世人的砲火都集中在報社身上，引起軒然大波，社長被迫向社會大眾道歉。

他現在工作得有聲有色，但也曾經飽受「明明」的糾纏，差點想不開。

明明這麼認真地工作，明明慎重地檢查過每一篇報導……。完全被「明明」附身了，身心俱疲。

我勸他不要受到「明明」的束縛，還送他孔子說過的話：「德不孤，必有鄰。」這句話的意思是說，只要工作是奠基於自己的信念之上，就不要後悔，一定會有人支持你。

又過了一陣子，他向我表達感激：「你那句話拯救了我。」

雖然是這句話拯救了他，但追根究柢，其實是工作到五〇歲的驕傲拯救了他，才能重新振作起來。他丟了報社的董事職位，離開公司，去一家與報導完全無關的公司當董事，如今做得比以前在報社的時候更風生水起。看到他成功的模樣，我非常為他高興。

人不能喪失驕傲，所以五〇歲以前絕不能從事會讓自己喪失驕傲的工作。

在能活到一〇〇歲的時代，五〇歲是轉捩點

能意氣風發迎接第二人生的人有一個共通點，那就是對自己過去的工作引以為傲，從不言悔。其中，或許也有錯誤的判斷，或許也傷害過自己或別人，但是不需要後悔，因為每次下決定的瞬間都是絞盡腦汁的判斷。

第二章介紹過的大學教授也是如此。他原本是官僚，後來改行當大學教授，以他的能力來說，要當上次長根本是探囊取物，但他從不回首過去。當我問他：「你後悔嗎？」他只回答我四個字：「往事如煙（過去的事已經記不清楚了）。」我覺得這句話很有他的風格。

我有個朋友在美國當造型師，今年五十九歲，與妻子及一對兒女在美國生活長達三十年。他經常接受去美國採訪的日本媒體委託，幫他們穿針引線、擔任翻譯等等，精力充沛。

他說：「早知道至少也在公司老老實實地工作個三年再走。」

他畢業於知名的私立大學，前往美國留學，一開始是以打工的型式從事造型師的工作，不知不覺就變成正職，所以沒有真正上過班。他的意思是說，如果在美國公司上過幾年班，年金大概會比較多，人脈或許也會比較廣。

但他並不後悔。他非常享受自己的工作，在美國各地飛來飛去。

「我的夢想是工作到七〇歲，退休後到夏威夷養老。」他以精神奕奕地說道。

看起來一點都不像是五十九歲的人。他對自己一路走來的人生從不怨懟。他過去肯定也有機會去某家企業上班，但那不是他的選擇，他選擇能自由自在地在美國各地飛來飛去的工作。收入方面或許並不穩定，或許也有求助無門的時候，但是後悔也沒有用，只能一直往前走。他也許是這麼想的。

五〇歲還能活得意氣風發的人，多半都是不後悔過去、心無旁騖往前走的人。假使年過五〇，也能活得意氣風發、有朝氣，到了六〇歲、七〇歲依舊活得意氣風發、有朝氣。**從某種意義來說，在能活到一〇〇歲的現代，五〇歲是個轉捩點，也是關鍵點。**

31 「自己的事業」之壁

上班族轉行開店倒閉的原因

早早離開公司，以存款及退職金為資本開一家餐廳……。**大概每個人都做過這個夢；不當上班族，擁有一家自己的店，多麼浪漫的人生**。

然而，開餐廳的競爭很激烈也是不爭的事實。我的朋友中也有人五〇歲提早退休，為了實現長年的夢想，開了一家義大利餐廳，但是經營遲遲無法上軌道，令他十分煩惱。因為他結過兩次婚，孩子也還小。要是再無法上軌道，就只能在虧損繼續擴大前收起來了。也可以增資、改裝店面、請教經營顧問、改變菜單，但這些努力他都試過了。

行為經濟學研究有個名詞叫「假確定性效應」。指的是人們認為接下來的生活會變得富裕或是會變得貧窮時，面對風險的處理方法。根據這項研究，人們認為接下來的生活將變得富裕時，會選擇規避風險，確實掌握財富的方法。反之，當人們認為接下來的生活會變得貧窮時，則會選擇就算有一點風險，也能掌握財富的方法。

或許大家也有過實際的經驗。打牌或賽馬輸得一塌糊塗時，可能會瞄準賠率比較高，或是投入更多的籌碼，以求得一次回本的機會。倘若因為已經投資了這麼多錢、忍耐了這麼久，不能再回頭就孤注一擲的話，可能會演變成無法挽回的結果。

根據某項餐飲業的報告，大約有四成左右的拉麵店、烏龍麵店、蕎麥麵店等都開不到一年就倒閉了。這麼說或許有點失禮，但拉麵店、烏龍麵店、蕎麥麵店的開店門檻或許真的比較低，要是以草率的心情開店，由於競爭對手太多，可能撐不了多久。

「重回」上班族的行列也無妨

我有另一個朋友也在開義大利餐廳，經營上聽說很困難。首先是訂價。在他的店裡，如果要喝好一點的葡萄酒，每個人至少要一萬五到兩萬日圓。這麼一來，如果不能掌握住手頭闊綽的常客，就很難經營下去。

因為坊間便宜、份量又大、味道也不錯的義大利餐廳，要多少有多少。如果無法創造出獨一無二的特色，就無法贏過競爭對手。

採取全餐的供餐方式可以減少材料浪費，在經營上是好的，但有些人很有錢，卻已不是大吃大喝的年紀，這時反而是單點的方式比較好，但如果改成單點式，可能會造成食材的浪費，增加成本。聽說他每天都傷透腦筋。儘管如此，朋友還是咬緊牙關把店開下去。

為什麼？因為他知道自己的人生只剩下料理，要是把料理從他的生命中拿走，他將一無所有。真希望他能經營得順利一點。

不當上班族，改開餐廳的人一開始就要做好什麼樣的心理準備呢？

你是否滿心期待，總有一天一定要開一家餐廳，只是剛好先當了上班族呢？還是沒想太多就開了？

我認為能不能追逐夢想活下去，端看是不是像我朋友那樣，已經做好了人生只剩下料理的心理準備。否則最好乾脆點，回去當上班族。年紀愈大，要回頭去當上班族就愈困難，所以早點下定決心比較好。

我後來在某家財務出問題的大型銀行校友會遇到他，他現在是房地產方面的上市公司社長。銀行破產後，他嘗盡人情冷暖，後來自行創業成功。請教他成功的祕訣，他笑著說：「哪有什麼祕訣，就只是沒有退路罷了，正所謂背水一戰。」

獨立創業必須抱著沒有退路的決心。

32 「夢想中的田園生活」之壁

要做好功課

年過五〇，差不多也該開始考慮退休的事了。不是有很多人想著退休後要回故鄉過田園生活嗎？

我是個離鄉背井來東京打拼的人，所以輪不到我大放厥詞。

我有一個哥哥和一個姊姊，但是我們三兄弟姊妹的緣分很薄，姊姊三十九歲就因大腸癌去世，留下兩個小孩。緊接著，繼承家業的哥哥也在四十九歲死於胰臟癌。

哥哥結婚了，但沒有孩子，所以大嫂在他死後就離開了。家裡只剩下父母。父母代替姊夫撫養姊姊的兩個子女。如今連父母都不在了，由外甥（姊姊的二兒子）繼承故鄉的老家。

我既不打算回鄉下，也沒有可以回去的地方。

老婆是神戶人，從小在都市長大，也沒興趣跟我回鄉下住。不過，田園生活還是挺不錯的，不是嗎？我雖然一度拋棄故鄉，來到東京這種大都會，有了一點成就，再回鄉下享受田園生活，聽起來也頗令人悠然神往。

但是（這不是我說的）聽說鄉下人的生活圈非常緊密，若是想過田園生活，最好把這部分也考慮進去。必須和妻子充分地討論這個問題，努力理解對方。

而且田園生活意外地花錢。該說是家世，還是自古以來的習俗呢，交際費及奠儀等金額都有一定金額，所以完全沒有工作，靠年金過日子的人要過田園生活，經濟上可能會有點吃緊。

鄉下的農業或漁業都沒有退休的概念，所以即使年過八〇，還是有很多人在第一線工作。就算已經退休，但是六十多歲的人在鄉下，還算是年輕人，所以要請很多人教自己如何下田。重點在於必須積極地請教對方。

俗話說「晴耕雨讀」，要是什麼也不做，一天到晚窩在家裡，只會被當成怪人。這點請務必小心。

回歸田園生活的準備從五〇歲開始

可以的話，最好年過五〇就開始三不五時回鄉下，具體規劃今後的生活。如果雙親都還健在，也可以順便照顧他們。而且不要以務農為業，最好可以去某家公司上班。

我有個朋友才三十多歲，就和家人搬到與故鄉八竿子打不著的九州鄉下住。他原本是一流企業的員工，和老婆商量後，認為讓孩子在鄉下長大比較好。剛好有人建議他搬去九州，他也同意了。於是他辭掉工作，改去九州當公務員。兒女們健健康康地長大，老婆也一直在社群軟體上寫說田園生活多好又多好。

據他所說，重點在於要先蒐集想搬去住的鄉下資訊，不厭其煩地實際走訪，親身感受當地的狀況。不僅如此，還得仔細調查當地支援外來人口的方針、工作、居住等問題，搬過去才會順利。如果，要再加上一個建議，那就是什麼都好，最好有個能對當地有幫助的技能。有的話，當地人就會來請你幫忙，他們似乎不能接受只吃飯不做事的人。

如果能像我那位朋友這樣，夫妻倆都愛過田園生活的話就更完美了。說不定是因為他們還年輕，所以才辦得到。

退休年紀為六〇歲，或是六十五歲，如果為公司做牛做馬到精疲力盡，還能享受愉快的田園生活嗎？

萬一生病，我的故鄉可沒什麼像樣的醫院。多年來為公司賣命，身體很可能已經出了問題，鄉下是否有醫生可以就近關照呢？這一點也必須仔細調查清楚。

鄉下不管去哪裡都得開車，如果喜歡開車還好，但是像我這種不開車的人（只考過駕照沒上路過），首先就無法適應田園生活。

改當地區限定員工

有些公司可以從綜合職轉為地區限定員工。綜合職只要上頭有交代，就必須接受調職的命令，但是有機會可以做到社長。另一方面，地區限定員工會輪調的區域有限，升官之路也相對比較有限。

我也有朋友為了有更多時間與家人相處，搬回故鄉長野，成為地區限定員工，放棄升官。我拜訪過他家，他家比東京大得多，有庭院，浴室裡還有溫泉。他選擇擔任地區限定員工時，還不到五〇歲，現在也還很有朝氣，正著手準備退休以後要從事與地緣關係更加緊密的工作。這種生活方式也很有意思。

因此，**請不要漫不經心地回故鄉，不妨從年過五〇的現在就開始準備**。不過，如果是因為好不容易可以擺脫都市生活、職場鬥爭，而覺得「不如歸去」的話，為了不要闖入更複雜的世界，**也得想清楚自己要過的是什麼樣的田園生活**。

第四章

五〇歲以後還能再工作幾年

33 「長壽」之壁

活到一〇〇歲的生涯規畫

現在可以活到一〇〇歲的話，那我大概還有三十六年可活。連明天會發生什麼事都不知道，是要怎麼擬訂活到一〇〇歲的計畫。

這是個可以活到一〇〇歲的時代——我認為這種說法原本是從極度政治、極度經濟的角度出發，甚至很像個騙局。

高齡化時代，龐大的醫藥費會嚴重侵蝕國家財政，因此希望老年人都能活得健健康康，不用在長照保險上花太多錢。既然能活到一〇〇歲（事實上，在日本，超過一〇〇歲的人口也愈來愈多），國家當然會希望國民都變成硬朗的老人。雖然有首相說他設計了很好的年金制度，可以放心活到一〇〇歲，但一下子就破綻百出，別說一〇〇年，就連幾年都撐不下去。

有眼睛的人都看得見少子化，將導致挹注到年金的稅收減少，為了穩定地給付年金，不是降低給付金額，就是減少給付對象。這時提倡可以活到一〇〇歲在政治上是很有效的考量，因為這麼說可以提高給付年金的年齡。

萬一有一天，不是所有人都能領到年金，而是像抽獎那樣，只付給中獎的人，那可怎麼辦才好？（當然這只是開玩笑的）

大概只有我會扭曲地認為「人可以活到一〇〇歲」是那些會提出竄改過的公文、亂七八糟的數據，給國會的官僚說來欺騙國民的甜言蜜語。

一〇〇歲是每一個瞬間的累積

話是這麼說，但人類變得長壽也是事實。二〇一六年，日本的平均壽命男女皆超過八〇歲，女性為八十七歲。如果沒發生什麼天災人禍，每個人都能活超過八〇歲。

可以的話，但願不要得失智症，健健康康，以免成為周遭人的負擔，但真的能這麼順利嗎？活是活很久，問題是生存的意義，其實是要每一個瞬間都過得很充實不是嗎？

子曰：「朝聞道，夕死可矣。」這句話的意思是說比起活到一〇〇歲，活著的每個瞬間都能感受到人生的意思更重要，一〇〇歲的人生就是由那些瞬間層層累積的結果。

從去年開始，為了寫一篇連載小說，我去採訪某家大型超市的經營者。各位讀者，那位創業者已經九十多歲了，身體還非常硬朗，把實際的經營權交給社長，自己擔任執行長，擁有公司的代表權。

「我還能繼續站在第一線奮鬥。」他目光炯炯地說。

或許有人會說這是占著茅坑不拉屎，但他們才不管這種批評。

「我把經營權交出去了。霸著不放會讓公司的經營卡住。我只要負起責任就行了。」他不再對現場做出各種細節的指示，但如果有什麼問題，他也做好心理準備要負全責。

他們經歷過戰爭，嘗過我們無法想像的辛酸。那個時代年紀輕輕就死掉的可能性比現在高多了。年過九〇還能精神矍鑠地站在經營的第一線，就表示他巧妙地逃過了死神的魔掌，所以韌性與後面的人完全不一樣，充滿了想活下去的強烈欲望。這種例子非常稀有。這種人大概都能神采奕奕地活到一〇〇歲。

年紀是加分還是扣分

以下從另一個角度，也就是「成熟」的角度來看人生。

「吾十有五而志於學，三〇而立，四〇而不惑，五〇而知天命，六〇而耳順，七〇而從心所欲、不逾矩。」

孔子在《論語》中描述了人成熟的過程，他在七十三歲逝世，在「不逾矩」的年紀撒手人寰。考慮到現在是個可以活到一〇〇歲的時代，真希望他能繼續留下「八〇而如何、九〇而如何、一〇〇而如何」的佳言錦句。

因為七〇歲已經達到某種開悟的境界，或許往後的三〇年只是維持下去而已。孔子這句話百分之百正確嗎？人真的會隨年齡增長，知識及感情愈來愈豐富，個性愈來愈圓融，進入開悟的境界嗎？

我們生活周遭多的是暴躁易怒的老人，只有馬齒徒長，但性格並不成熟的人。事實上，隨著高齡人口的增加，老年人的犯罪也變多了。瞧瞧最近由官僚、經營者引起的醜聞，反而感覺年紀愈大，人反而愈不負責。

孔子並不是第一個把人用年紀分開來思考的人。法國哲學家蒙田在《隨筆集》一書中基於「一個人偉大的功績會在三〇歲前完成」的結論，坦率地表達了他的感想——隨著年齡增長，「我的精神和肉體都衰退了，確實感受到退步大於進步的感覺」。

蒙田的意見比孔子說的話更貼近我的想法。我的興趣是跑馬拉松。六〇歲以後，因為老化，速度的確變慢了。我嘗試過無謂的抵抗，但是效果不彰。這還是肉體，我也不覺得自己的知識或情感隨年紀變得圓融，反而變得比較沒耐心，一旦事情發展不如自己的意，就很容易生氣。

我們都會老，不可能永遠都朝氣蓬勃地跟年輕人一樣，請坦率地接受這個事實。坦然地承認衰老能改變什麼嗎？只要想好如何面對衰老，或許就會有變化。

為了減緩肉體衰老的速度，要持續做一些簡單的運動；為了預防失智症，要訓練大腦，**最重要的是要有老後的生活費，以度過漫長的第二人生**。

老後破產、貧困老人等怵目驚心的字眼，被許多人輕易地掛在嘴邊。就算現在過著錦衣玉食的生活，也不能保證自己老後不會變成流離失所的老人。現在就是這種危機四伏的時代。

五〇歲決定「長壽風險」是高或低

過去，長壽是一件可喜可賀的事，所有人都渴望長壽，都祝賀長壽的人。但現今這個時代，如果沒有充足的準備，長壽反而成了人生的風險。

其轉捩點就在五〇歲。

因為**第二人生從五〇歲開始**。在**公司只剩十幾年就要退休。老後的風險是高是低，端看這時要選擇什麼樣的人生**。像我這種自立門戶，選擇寫作這種吃了這頓沒下頓的人生，完全是一場豪賭，最好別這麼衝動。

倘若無論如何都想這麼做，最好「腳踏兩條船」，一面寫作、一面當大學教授或在公司上班。這樣可以降低風險。不過，考慮到可能會有一邊占的比重比較高，也可能會兩頭不到岸。

一定要避免擔心退休後花錢太多，而著了投機的道。例如，目前正引發大問題的買房子當房東，在銀行的舌燦蓮花下，全額貸款買了間公寓，簡直是「沒常識也要有知識」。

泡沫時代，只要蓋一間出租公寓，繼承稅會比較便宜，大部分的銀行都會和會計師狼狽為奸，把閒置土地賣給資產家，對象不乏上班族。貸款買房投資還能節稅，所以很多人會上勾。

於是許多資產家、上班族，都因為泡沫經濟崩潰後的房地產不景氣搞到破產。正因為知道有過這樣的事蹟，再看到最近房貸餘額增加，才會說「沒常識也要有知識」。

那麼，老後的生活費要怎麼來呢？如果只有夫婦倆，請先討論要過什麼樣的生活，再以這個標準從五〇歲開始逐漸改變生活方式。假設判斷自己的積蓄不夠，就要慢慢地降低生活水準，思考如何過上夫婦倆都能感到滿意的生活。日本經濟之所以遲遲無法擺脫通貨緊縮的狀態，是因為考慮到老後的生活，縮衣節食的家庭愈來愈多了。絕不要聽信政府說的「拿儲蓄來投資」。

因為要花多少生活費、要存多少退休金因人而異，應該自己思考，不要依賴別人。我只能說，絕對不要讓活太久變成一種風險。有人認為誰會短命、誰會長壽是上帝的旨意，即便如此，也一定是隨機抽選。應該視長壽的人只是在上帝隨機抽中上上籤的人，因為人生之路走得一帆風順的人其實少之又少。

我有兄姊，但兄長四十九歲、姊姊三十九歲就因為癌症去世了。他們肯定還有很多未完成的心願吧。姊姊有兩個兒子，卻沒辦法看他們長大成人。兄長繼承了父親的工作，肯定想把父親的事業做得更大。然而，死神卻毫不留情地帶他們離開這個人世。

另外，前第一勸業銀行的宮崎邦次顧問自認要為醜聞負責，親手結束了自己的生命。我朋友A律師也在日本振興銀行的醜聞中選擇自殺。無法想像自己走上絕路的他們在想什麼，但無疑是痛苦、煩惱之後的選擇。

無法預測人生會出什麼事。雖說現在是個可以活到一〇〇歲的時代，但天曉得自己的人生什麼時候就走到盡頭，所以**我們要盡量從五〇歲開始準備好因應長壽的風險，只能自己思考、付諸執行，不能依賴別人**。

什麼是你的人生哲學

還有一點，那就是要充實自己目前的生活。前面介紹過的蒙田引用了羅馬政治家小加圖⑲的話。

當小加圖與凱撒正面為敵，基於自己的信念，親手了結自己的性命。小加圖對想阻止他自殺的人說：「你在說什麼傻話，我這個年紀還會被批評太早離開這個世界嗎？」他當時才四十八歲，卻認為這個年紀已經十分成熟，而且是極少數的人才能達到的高齡。

小加圖秉持信念，為自己的人生畫下休止符。從這句話可以感受到他對自己的人生非常有信心，認為自己過得很充實。

話雖如此，但自殺絕不是值得鼓勵的行為。不只自己，也會讓周圍的人陷入痛苦的深淵。現在是個可以活到一〇〇歲的時代，要站在對自己負責的角度來思考，自己這一生是否過得充實而無悔。

從這個角度來說，如果長壽的時代真的是政府口中能活到一〇〇歲的時代，或許也可以說是「活在哲學中的時代」，必須比以前更清楚自己心中的哲學。

⑲ 小加圖；原名 Marcus Porcius Cato Uticensis，是羅馬共和國末期的政治家和演說家。之所以被稱為「小加圖」是為了與其曾祖父「老加圖」做區別。

34 副業之壁

用副業開創第二人生的訣竅

日本政府建議上班族經營副業，財經界的人和執當代牛耳的大老也都勸人兼營副業。我有點離經叛道，所以怎麼都不願意相信政府說的話。

與其把副業當成勞動改革方案的一環來推廣，我倒希望企業能給足員工不用兼差也能好好生活的薪水。經營者不思提高實質的薪水，只想著為公司賺更多錢，要求員工「經營副業、建立人脈，再把從副業學習到的知識技術運用在正職上」，會不會想得太美了。

不是所有副業都是光鮮亮麗的工作，反而多半都是體力活，例如施工現場的監工、居酒屋端盤子、送貨等等。這麼一來，就只是為了生活，無法提升自己的能力。要是因此搞壞身體、忙得心力交瘁，可能還會影響到正職。

話雖這麼說，身為五〇歲的上班族，一定得動動腦才行。

考慮到接下來六〇歲、七〇歲的人生，乃至於活到一〇〇歲的時候，必須認真面對副業。這時，絕不能掉進一個陷阱，那就是經營副業不能只是為了「賺錢」，不能只是為了增加收入。

投資的誘惑多如牛毛，例如股票或比特幣等等，但一定要仔細想清楚。看到別人一獲千金，成了「億萬富翁」，就以為自己也能一獲千金，反而可能會失去所有的財產，成為負債累累的「億萬負翁」。

買房子當投資客就是最好的例子。總之，不能投機取巧，只想輕易地賺大錢。已經五〇歲了，不能再犯年輕時的錯誤。

簡單一句話，就是**不要被別人的花言巧語所蒙蔽**，**請自己流血流汗地殺出一條血路**。就算是副業也有客人，不能隨便打混。更何況，**你已經五十多歲，人生閱歷、社會經驗都很豐富，所以請靠自己的力量，以自立自強的精神經營副業**。

那麼該做什麼副業呢？我已經說過好幾次了，請利用「盤點技能」或「盤點名片（人脈）」等方式，整理自己還沒做的事、想做的事，將其做為自己的副業。

假設你有個點子，已經向主管提過好幾次了，但主管遲遲不批准，不如想想可不可以用副業的方式付諸實行，一切順利的話，再思考有沒有辦法轉為正職，幸好公司不反對員工經營副業……。

萬一公司禁止員工兼營副業，看是要以妻子的名義進行，還是要冒一點風險，畢竟五〇歲大概是實現理想最後的期限，六〇歲就要準備退休了。所以希望能在那之前讓副業步入正軌，展開事業第二春。

以下說個題外話，我建議年輕人盡量向主管提出自己的想法，想當然，一定會被否決，但也別放棄，一年後、兩年後再提一次，屆時要讓想法更周全。總之，被否決一、兩次很正常，但是請不要放棄，堅持到最後的想法，才是真正的想法。

好不容易活到五〇歲，最好能把蓄積到現在的想法，以副業的方式付諸實行。如果需要資金，不妨去找銀行商量。如果銀行不幫忙，也可以在網路上集資。

我採訪過某家網路集資平台公司，每天都有上千件集資的委託案上線，每件的平均集資金額為一〇〇萬日圓。競爭十分激烈，所以請盡可能讓你的點子完美無缺，既然是用別人的錢開創副業，就必須對相信你的人負起責任。那會成為你的動力，也能運用在正職上。

你的主管大概會很驚訝地說：「你最近看起來好有活力啊，跟以前判若兩人，發生什麼事了？」

請告訴他：「我談戀愛了。」他一定會瞠目結舌。

富士底片的「化石」技術者變成「神明」

你一定要重新審視自己的技能。只做過業務，沒有任何特殊的技術，也沒有什麼足以傲人的優勢——你可能只是謙虛也說不定。

可是請等一下，你不需要那麼謙虛。

就我重建過好幾家公司的經驗來說，無論是什麼公司，都沉睡著許多技術與人才，重建公司時，一定要活化那些技術與人才。

首先，要挖掘出沉睡的人才，重新審視塵封至今的技術，想想這些人才與技術，或許只是沒機會發光發熱，然後以煥然一新的角度重建公司。

如同我在《勇往直前》一書中寫到的例子，富士底片剛開始製作化妝品時，重新審視過去不受重視，被視為理所當然的「乳化技術」，讓擁有這份手藝的技術人員站在第一線。

底片是由膠原蛋白構成，再將銀等各式各樣的成分奈米化，一層層地塗上去就成了底片。塗佈奈米化的成分時，必須混合得十分均勻，這就是乳化的技術。然而，奈米化並非最尖端的技術，而是自古以來代代相傳的手藝。

那位技術人員因為年紀的關係已經被裁員了，又被叫回來。於是他說：「我這種人就像化石一樣，只會協助最尖端的工作，一點也不起眼。」但公司需要他的技術，因此包含挖掘化石的用意在內，為這個製作化妝品的專案命名為「化石計畫」。後來他也大顯身手，被稱為「乳化之神」，備受尊敬。

人跟公司一樣。成功經營副業的重點在於喚醒沉睡在自己心中的野心，重新審視技能的市場價值。

副業是「重建」上班族生活的機會

必須以「重建」自己上班族生活的角度，來審視副業。假設你只做過業務，不妨分析你做過的業務。業務也分成很多種，像是：個人業務、法人業務、海外業務等等，再從客戶的角度去仔細分析目標客層。你賣的是什麼樣的產品或服務，擅長哪一個領域，客戶主要是哪個年齡層。分析的時候要對自己經營了這麼多年的工作有自信。

對了，分析的時候或許可以當成是在向自己的孩子介紹自己的歷史。

我對在美國當造型師的朋友說過：

「你在網路上的社交能力太了不起了，不妨寫成一本書。」

他在美國要跟第一次見面的人約時間時，都用一封電子郵件單刀直入地展開交涉，把事情搞定。

不會來日本人那一套「敬祝您愈來愈……」等迂迴曲折的寒暄客套，就能讓對方知道自己的誠意，再難約的人都能順利約到。我認為應該要把這套技巧寫成一本書。

當時我還說：「不妨當成是要告訴自己的孩子，爸爸做過什麼事來寫這本書。」

重新審視自己的技能，找出箇中的價值，肯定自己的人生，告訴自己的孩子。不妨從這個角度視副業為自我重建的機會。分析完畢後，再穩扎穩打地推銷自己。可以利用網路，也可以發傳單，什麼方法都可以，總之是利用各種手段向世人宣傳自己有這項技術，善用這項技術可以有什麼好處。

或許，左等右等都等不到客人上門，但是請不要放棄，只要從客戶的角度重新分析這項技術就行了。

安田善次郎說過：「千里之道，始於一步。」只要踏出第一步，就能走千里。所以你也踏出那一步吧。

安田善次郎還說：「積沙成山。」無論是多小的委託，都不要不當一回事地視其為「沙」，而是要日積月累，這麼一來就能逐漸堆成一座山，等你退休的時候，大概就能累積到一定的高度。

安田善次郎從富山到江戶，成為富甲一方的人。他並不投機，而是腳踏實地地選擇一步一腳印增加信用的作法。這就是所謂的「千里之道，始於一步」，也是「積沙成山」。這是安田家的家訓，也是他創辦銀行及保險公司的基本心法。

我想說的是，**要對自己做過的事有自信，否則就算經營副業也不會成功。凡事都要傾聽自己內心的聲音，珍惜從自己內心深處泉湧而出的能量。不要選擇平穩的路**。

新約聖經的〈馬太福音〉有云：「你們要進窄門。因為引到滅亡，那門是寬的，路是大的，進去的人也多；引到永生，那門是窄的，路是小的，找著的人也少。」

就算是副業，也必須痛下決心從窄門入行。因為已經累積許多經驗，五〇歲正是將這些準備付諸行動的好機會、好時機。人生不會白費，這句話一點也不假。

35 熟年離婚之壁

離婚的人必須做好準備

根據二〇一三年的數據，五〇歲以上的離婚件數高達五七五〇〇件以上，等於每天都有將近一六〇組五〇歲以上的夫婦離婚。和四〇年前比起來，大約增加了一〇倍，而且還在逐年遞增當中。

而且多半是妻子提出要離婚，但是由丈夫主動提離婚的例子也愈來愈多。家家有本難念的經，所以輪不到我來批評，但是離婚其實非常耗時間、體力。離婚不是件好事。除非有計畫地離婚，否則你和妻子大概都得面臨老後破產或變成貧困老人的命運。

年輕女性不會因為你恢復單身就對你趨之若鶩，會笑咪咪靠過來的只有對你的遺產虎視眈眈的蛇蠍女。即使離婚，在日本，妻子也可以依結婚年限，按比例分得丈夫的退休金。倘若你們結婚三〇年，則你的退休金會被妻子領走一半，你只剩下一半。

假設你的退休金有十四萬圓，再加上六萬圓的國民年金，合計約二〇萬圓。你們夫婦要靠這二〇萬圓活下去？

其他財產該怎麼分配呢？如果貸款已經還清，可以把房地產賣掉，萬一貸款還沒還清，只好租給別人，再由夫妻平分租金所得。無論如何，大部分熟年離婚都是「弊大於利」的選擇。

儘管如此，還想離婚的話，顯然是兩人長久以來的婚姻生活，已經產生無法挽救的齟齬，不想再和對方生活下去了。

我的朋友中也有熟年離婚又再婚的人。夫妻倆都有一定的社會地位與財產，很早以前就分居了。最後終於達成離婚協議，朋友也找到再婚的對象。

那位女性並非造成他們離婚的原因，但他還是拜託我：「喂，離婚成立以前，先不要讓我老婆知道她的事。」我壓根兒沒打算告訴他老婆，為了他們能順利離婚，我也不希望那個女人的存在曝光。

如今，他與年齡小他兩輪以上的女性再婚，一起打高爾夫球、一起去旅行，過得非常幸福。這是圓滿離婚的例子。

從這些成功案例來思考，為了成功地在晚年離婚，不能是突然的心血來潮。不管是女方提離婚，還是男方提離婚都一樣，必須要經過一段時間的準備。萬一你正考慮要和老婆離婚，不妨將期限定在六〇歲退休那天。離婚的原因是「與老婆個性不合」。不想退休後的漫長人生還要與對方大眼瞪小眼。

你與妻子沒有共同的興趣，妻子也不夠賢慧，菜煮得很難吃，只知道看綜藝節目，你已經厭倦了她的笑聲……。以上是我為了方便說明，假設由男方向女方提出離婚的例子，女方向男方提離婚也一樣。

沒有興趣，就算有，跟妻子的志趣也不相投，如果先生總是在吃早飯時，問太太今天中午要吃什麼，太太大概也會不耐煩。倘若現在已經五十多歲了，就得從現在開始準備。

財產要怎麼分？存款呢？退休金呢……？還得學會做菜和整理，至少一個人生活不會出問題。不妨也先想好要住在哪裡，再度和妻子以外，志趣相投的女性交往（不是出軌），或許與妻子離婚後，那位女性會成為你的人生伴侶也說不定。

如果已經調適好心態，神采奕奕地開始準備，或許你反而會變成非常有魅力的丈夫。老婆說不定也正在準備要跟你離婚，這不是很刺激嗎？

我認為女人才是更仔細準備的那一方，你的年金可能會被她分走大半。搞不好對方連未來的伴侶都找好了。

話說回來，真正遇到天災地變的時候，一向是女方比較冷靜。萬一妻子先走一步，或是棄你而去，大部分的男人都會落得家裡亂得跟垃圾堆一樣，靠吃便利商店的便當度過餘生的下場。

為了不要淪落到這一步，事前準備至關重要。凡事都要準備周全，付諸行動時才不會失敗。

「限期分居」也是種方法

也有以下這種狀況。

我認識一位女性，丈夫退休後突然對她拳打腳踢。她丈夫原本是個彬彬有禮的人，退休後卻突然變了樣。家中變成地獄，她很不安，害怕死在丈夫手上。原因不清楚，聽說是退休後把多年來對公司的不滿帶回家，在家裡爆發了。後來他們打了長達十年的官司，好不容易終於在七〇歲離婚。

房子判給她，丈夫搬了出去，聽說沒多久就死於癌症。或許他會對妻子施暴，也是因為生病也說不定。夫妻在一起生活太久，總是會產生各式各樣的問題。

熟年離婚或許無法避免，一旦動了這個念頭，最好先一點一點地拉開彼此間的距離。

試著提出先分開來生活的建議，如果還是想離婚，與其每天都活在壓力下，不如改頭換面重新出發，對身體也比較好。

離過婚的朋友告訴我，離婚是件令人心力交瘁的事。都退休了，實在不想再為這種事耗費那麼多的精神體力。所以退休後不要窩在家裡，更不能還是老樣子，只會對老婆說：「我要洗澡。」、「我要吃飯。」

我的建議是，就像在公司揣測上司的心意，對上司逢迎拍馬屁，退休後也要揣測老婆的心意，對老婆逢迎拍馬屁。

36 家人之壁

在家裡建立新的容身處

前幾天的酒席上，某位編輯向我抱怨：

「結婚至今二十多年，和老婆的關係已經變得相敬如冰，孩子也忙著跟朋友吃喝玩樂、享受大學生活，最近愈來愈不愛回家，就算公司因為要改革勞動方式，催我們早點回家，家裡也沒有我的容身之處……」

這是不太好的例子。

從前，一心一意將心思工作上，忙得不可開交，連想要在晚上九點前回家都不可得。但一回過神來，卻發現對家庭一點貢獻也沒有。回家只是為了洗澡、吃飯。

老婆一天到晚都在抱怨老公，受其影響，子女也可能對父親有很多不滿。年過五〇，未來已經沒有太多驚喜，差不多也該從公司退休了。回到家裡，卻覺得妻兒看自己的目光異常冰冷。但也只能怪自己，誰叫自己不管發生什麼事，皆拿工作當藉口，對家人不管、不顧。

事到如今，很難再修補與家人的關係。

因為這牽涉到人的情緒。就算突然對老婆很好，問她要不要去哪裡旅行、要不要去吃飯，也會被一句「跟你去又不好玩」堵回來。

子女也不給你好臉色看。就算約他們一起出門、一起去喝酒，也會慘遭拒絕：「才不要，爸爸好囉嗦。」、「我已經跟朋友約好了。」

但這有什麼關係；要是為此耿耿於懷，你只會愈來愈了無生趣。都五十好幾了，夫婦各有自己的興趣不是挺好的嗎？

當然，如果能有共同的興趣再好不過，但事到如今才突然說：「培養共同的興趣吧！」只會換來老婆嗤之以鼻的反應。

別做夢了！

彼此井水不犯河水不是很好嗎？

發掘能一個人從事的興趣

話說回來，有沒有能獨自樂在其中的興趣，才是問題所在。別說在家裡沒有立足之地這種沒骨氣的話，只要找到一件感興趣的事，然後全心全意的投入就行了。

「爸爸最近看起來好開心的樣子，發生什麼事了？」只要能引起家人的關注就好了。

就算是組裝鋼彈模型也好。我有朋友是組裝模型的好手，他本人在知名企業擔任管理職，但他做的模型都是可愛的少女，所以家人有些不以為然。他笑著說：「又沒有造成任何問題，為什麼要用那種眼神看我。」但我其實不太推薦這種興趣。

我想說的是，就算沒有你，家人也能過得很好就是最大的問題。事到如今也無法再勉強自己改變現狀了，只會造成矛盾而已。

既然如此，那就**好好遵循家中已經建立的秩序，為自己打造一個新的立足之地**。

不要在外面喝酒喝到三更半夜才回家，做點能在家裡開心從事的活動。做菜、畫畫、唱歌……**能在家裡做的興趣多的是，重點在於要讓家人看到你神采奕奕的模樣**。

結語
五〇而知天命

子曰：「五〇而知天命。」我想我明白他的意思。可是仔細想想，又好像不明白。這很正常；各位，知道天命又能如何？

翻開字典，天命指的是上天的命令、使命、天壽等等，亦即英文的fate，也就是命運。

孔子是聖人，所以到了五〇歲就能知曉自己的使命。他的使命大概是要在亂世中開創所謂的「道」——身為君子該怎麼活下去的「道」。

然而，這條所謂的「道」是一連串凡人難以理解的磨難，還差點跟門徒一起活活餓死。儘管如此，孔子仍堅持追尋他的「道」。他的每句話都是從凡人難以理解的苦難中誕生，所以孔子的語錄才能流傳至今，指引我們的人生。從這個角度來看，孔子的用意或許是：就算別人無法理解，也要走出自己的「道」。

從這種角度來思考的話，所謂天命，不就是自己的「道」嗎？開悟也好，參透不了也沒關係，只要走在自己的「道」上就是「知天命」不是嗎？

說穿了，這難道是希望我們不管發生任何事，都要不慌不忙的意思嗎？沒錯。都活到五十多歲了，有可能突然參透什麼，轉換方向嗎？

孔子也是，不管什麼事掉到頭上，就算差點跟門徒一起餓死，就算比自己笨的傢伙變成宰相，也堅持要走在自己的「道」上。

真了不起。孔子這個人其實比我們以為的還要笨拙，不懂見風轉舵。

能愛上遭受挫折的人生嗎

孔子不就是我們自己嗎？如果有人不以為然地說：「才不是，我的處世之道高明多了。」請容我訂正一下。

孔子就是我本身。世人怎麼看我不清楚，也不在乎，但我的人生絕不是一帆風順。「你寫小說，在電視上講得頭頭是道，這樣的人生還不夠一帆風順嗎！這種話虧你說得出口。」

或許有人會如此反唇相譏，但我的意思是我也跟大家一樣吃過苦、摔過跤。希望大家不要誤會，我並不後悔這樣的人生。孔子大概也一樣。因為就算後悔也無濟於事。

從二〇一四年播出到二〇一七年的電視節目〈魯蛇老師，別變成我這樣！〉（しくじり先生　俺みたいになるな，朝日電視台）很有趣，所以我有空就會看。大明星向扮演學生的藝人講述自己的失敗談（魯蛇經驗），提出建議，希望大家不要重蹈自己的覆轍。

某位知名歌手年紀輕輕就成了大明星，還分不清楚東南西北的年紀就賺進了許多錢，所以財產都被經紀人騙走了，一時間連吃飯都成問題。為什麼會發生這種事呢，經由分析，原因出在他的性格「太好了」。但他的表情並未愁雲慘霧。

是因為現在很幸福嗎？大概不是吧。現在應該有更多的煩惱。事實上，他現在正處於官司纏身的狀態，所以不好再多說什麼。

或許有過痛苦的事，有過氣到腸子打結的事，也有過羞於啟齒的事。就算一切都是因為自己人太好，但他已經到達「事到如今也只能順其自然」的豁達境界，所以他的表情並未愁雲慘霧。他肯定已經領悟到想要活下去，就要接受所有的自己，包括害自己一再跌跤的爛好人性格。

四〇歲身陷第一勸業銀行職業股東事件

我出生於兵庫縣鄉下，那是個豬和鹿可能比人還多的山村。身邊一個大學生都沒有，也沒有人會看書或看報。

我進入叛逆期時，為了反抗父親，決定去念大學。我考上早稻田大學，每天都在搞學生運動，明明念的是政治系，卻無心學習，一面搞學生運動，一面看我熱愛的小說。杜斯妥也夫斯基、巴爾札克、托爾斯泰等西洋文學，大江健三郎、椎名麟三，以及我生命中的貴人井伏鱒二……。

也不去上課，整天關在宿舍裡，只吃用電鍋煮出來的白飯，忘情地看小說。現在回想起來，還是覺得好幸福。可以什麼都不想，就只是專一地看書。也沒有任何想成為小說家、想開公司、想賺大錢的野心。

我十八歲時，認識井伏鱒二老師，是開始出入老師家的契機，當時我才大一，下了一個賭注，如果參加暴動沒有受傷的話，就要去見我崇拜的井伏鱒二老師，幸好也真的沒有受傷，於是我用早稻田大學的公共電話打給井伏鱒二老師。現在回想起來，真是大膽的舉動！

沒想到是井伏老師親自接的電話，他說：「你現在就過來。」天底下有這麼幸運的事嗎？我立刻拜訪井伏老師位於荻窪的家，與老師把酒言歡。聽著老師聊旅行的事、小說的事、太宰治的事等等，成了我人生中至高無上的享受。

大學留級，念了五年才畢業，幸運地在第一勸業銀行（現為瑞穗銀行）

找到工作。我的成績並不好，所以實情是已經先進入第一勸業銀行的學長同情我遲遲找不到工作，幫我斡旋的。

小說什麼時候都能寫，要先學會做生意。——這是我找到工作時，井伏老師鼓勵我的話。為祝賀我找到工作，老師還送我兩雙皮鞋。

小說什麼時候都能寫……。言下之意，大概是我沒有才華，無法成為小說家。

我成為銀行員，努力工作。後來發生很多事，我四十二歲的時候，遇到第一勸業銀行的職業股東事件，深陷漩渦裡，不得不戰鬥。第一勸業銀行對大職業股東提供非法融資的事曝光，遭到東京地檢特搜部強制調查，有十一位主要幹部被捕，一位顧問自殺，是金融史上前所未有的醜聞。

井伏老師當時已經去世，後來我從遺族口中聽到師母看到新聞，很擔心我，我感動得眼淚都快掉下來。這件事也讓我想了很多，何謂組織？何謂人生？自殺的顧問是我相當尊敬的宮崎邦次先生。宮崎先生是個非常謙虛的人，對我們這些部下非常親切，還會約我們一起去吃飯。他的自殺令我大受打擊，因此決定辭職。

處理這件事的過程中，我沒有一天不流淚。

看到宮崎顧問愁眉不展的表情時、某位董事被捕時、一整晚和大家討論為了挽救銀行該怎麼做才好時，某位部長對我說「我被捕後，銀行就交給你了」時……我總是淚流不止。這些認真工作的人為何會身陷囹圄！我的憤怒怎麼說也說不完。

同時，我也給妻子添了很多麻煩。當我深夜返家，記者在等我。我請他們進到家中狹窄的客廳裡，準備好酒和下酒菜，和記者討論案情到凌晨四、五點。

我懇求記者，希望他們能救救第一勸業銀行、幫幫第一勸業銀行。還有記者直接睡在客廳，我也不管，第二天直接去銀行上班。這種日子久了，害妻子搞壞身體。

另外，也給鄰居添了很多麻煩。兒子見我幾乎不眠不休地為這件事善後，對我說：「加油。」他的高中老師似乎把第一勸業銀行當成壞人，雖然兒子沒有受到欺負，但肯定很不好受。或許只是一廂情願，不過能讓兒子看到父親努力奮鬥的背影真是太好了……。

全力以赴的重建事業

撐過股東大會的第二天，宮崎顧問就留下「請讓銀行變得更好」的遺言自殺了。因為他這個人跟出身佐賀的古代武士沒兩樣，所以當媒體朋友告訴我，他自殺的消息時，我簡直不敢置信。

我趕到醫院，被記者團團包圍，不得不回應他們的詢問。某位董事喃喃自語：「他是因為害怕代位訴訟。」我知道那位董事是託宮崎顧問的福才能升官，不禁覺得「不可原諒」。我在心中吶喊：「宮崎顧問是個無欲無求的人，才不像你只想到自己。他是因為受不了和自己並肩作戰的人被告上法院，感到難辭其咎，才會像武士那樣切腹的。」

我真心認為是東京地方法院殺了他。「顧問在檢察官面前都說他不記得

（與職業顧東有關）了。」在記者的包圍下，我依舊堅持宮崎顧問是無辜的。

股東大會後，我成立改革銀行的組織，擔任負責人，為回收呆帳全力以赴，切斷與黑道、職業股東等反社會勢力的關係。這可不是開玩笑的，雖然得到警方及律師的協助，但還是抱著「自己的屁股自己擦」的決心，與十位伙伴一同面對問題。其中一位伙伴向我表達他的覺悟：「要我付出生命也無所謂，一定要讓銀行變得更好。」

我下定決心，萬一有人因此受到傷害，我就引咎辭職。為什麼會那麼拼命呢？

那是因為宮崎顧問的死，再加上原本要出任董事長，但是被警察帶走的董事F先生說過：「絕不能重蹈覆轍。我一旦當上董事長，就要公開所有與職業股東及黑道的交易，徹底杜絕彼此間的關係。你一定要助我一臂之力。」我答應過他：「我會盡力。」

然而F先生卻被追究身為監察人的責任，遭到逮捕。我把答應過他的事當成是他的遺言。我召集同志，開始對抗那些牛鬼蛇神，幸好同志們沒有因此受到傷害。

可是風波落幕後，我和負責處理此事的相關人員順利升官，也因此聽到嫉恨的聲浪：「那群人根本是趁火打劫。」後來重建西武鐵道，成為西武控股集團社長的後藤高志先生也是被嫉妒的對象。

這件事無疑影響許多人的人生。被捕的人自不待言，如果沒有發生這件事，我大概就不會當上作家，後藤先生也不會成為西武控股集團的社長。

此外，二〇一八年一月受託重建商工中金的關根正裕先生原本是我的部下，他之所以會接下這顆燙手山芋，也是因為曾經與我一起對抗職業股東。

我和後藤先生、關根先生都因為這件事看見人類的醜惡與美好，也了解公司不會永遠順風順水，一旦發生醜聞，經營狀態會立刻出問題，甚至土崩瓦解。也體驗到與同志一起面對問題有多重要，這對我們往後的人生都造成了重大的影響。總之不逃避問題是我們的共通點。

「不要得明明病」的教誨

我與兄姊緣薄，姊姊在一九八九年死於癌症。她原本是個活力四射的人。當她纏綿病榻時，我給她看了日經新聞上刊登我規畫出某項金融商品的報導，篇幅不大，所以她說：「就這樣啊，不過真是太好了。」

想起堅強的母親對著棺材哭喊：「傻瓜！傻瓜！」還有父親一看到姊姊以前的照片就會茫然自失的模樣。

到了一九九八年，哥哥也因為癌症去世。姊姊去世時，哥哥還交代我：「我們都要長命百歲，千萬別再讓爸媽傷心。」沒想到他也讓父母白髮人送黑髮人。

只剩下我這個老么，我告訴自己，一定要照顧父母到父母臨終。感謝上帝保佑，母親於二〇〇八年以八十三歲高齡去世，父親於二〇一五年以八十九歲高齡去世。我認為光是能送他們最後一程就已經很幸福了。

父母都在戰時、戰後拚命地活下來。這輩子因戰爭受盡折磨，強忍住負債、兩個子女都比自己先走一步的悲痛，不求名也不求利。白髮人送黑髮人時，或許曾經對為什麼只有自己如此不幸而感到忿忿不平，但他們全都咬牙撐了過來。

母親對我說過一句話，我也在這本書裡介紹過這句話。

「不要得明明病。」

明明〇〇——人們經常把「明明」二字掛在嘴邊。明明這麼努力，卻得不到回報；明明盡心盡力，對方卻感受不到等等。一旦罹患「明明病」就會陷入痛苦的深淵。

「人生不會因為『明明』做了什麼而得到報償」。我覺得這句話說得很有道理，大概是相田光男還是誰的名言。

第一勸業銀行出事後與日本興業銀行、富士銀行合併，雖說此舉是為了保命，但我還是持反對意見。因為我們尚未完全達成宮崎顧問「請讓銀行變得更好」的遺言。我是負責整併作業的委員之一，後來出任高田馬場分行的經理。

某位董事給我下馬威說：「你在總公司的表現非常好，但是到了分行會有什麼表現呢？我拭目以待。」

職業股東事件時，他什麼也沒做，夾著尾巴逃走，能當上董事也是因為上面的人不是被捕，就是引咎辭職才輪到他。我心想這傢伙真不要臉，還好沒說出口。

董事長說：「那家分行有很多呆帳，真不好意思。」

這大概是一個考驗。也有很多前輩警告我：「你就是太愛跟高層唱反調了。」

可是我在高田馬場分行裡得到行員及當地人很多幫助，工作得很開心，收獲到非常豐碩的成果。

五〇歲前辭職，成為小說家

我一面當分行經理，一面在新潮社的要求下寫了《無情銀行》這部小說。當時完全沒想到要成為小說家，只是想說再繼續當個銀行員可能會失去自我。那本書等於是我的遺言。

新潮社很努力地賣這本書，讓《無情銀行》得到很好的評價，新潮社的責任編輯建議我：「請不要辭職，因為要靠寫作溫飽並不容易。」因此我成了隱藏身分的作家。

但是，因為受不了跨出新一步的瑞穗銀行經營團隊，已經完全失去宮崎顧問的遺言「讓銀行變得更好」的初心，成天只知道搞派系鬥爭，所以我還是辭職了。

銀行的人都批評我愛來就來、說走就走，還誣衊我肯定是打從一開始就想寫小說，故意把銀行搞得一團亂。

從外部執行董事變成社長

要大家聽我一直講自己的事真不好意思。

請再聽我說一件事，那就是日本振興銀行案。當時我身為作家及評論員的工作都很順利，木村剛先生創辦的日本振興銀行，透過朝日新聞的朋友請我幫忙。

日本振興銀行號稱是中小企業的後盾。當時，中小企業的融資不是被駁回，就是被要求提前還款，陷入困境。我來自大銀行，基於以前在銀行工作的經驗，深知中小企業有多需要援助，因此接下了這個任務，想以外部執行董事的身分提供木村先生建議。

木村先生是銀行界的超級菁英，據說金融廳的檢查手冊是以他為中心編寫的，我們銀行員都受過他的指導。實際上，我曾經混在大批行員裡，遠遠地聽他講解檢查手冊的內容。

木村先生的風評似乎不是太好，所以有朋友警告我：「別去淌這個渾水。」但我還是跟自民黨的平將明先生一起當了外部執行董事。

木村先生再三地強調：「銀行一旦隨著股票交易起舞，就容易腐敗。融資給中小企業還是要以親自接觸為原則。」

我認為木村先生應該會傾聽我們這些外部執行董事的建議。

至少在我看來，他很認真，不像是好大喜功的人。然而，大概是急著做出成績，也可能是受到股東的壓力。而且他對當時的金融廳有很深的敵意，時時提防著「會被金融廳搞垮」。我不知道原因，他也沒明確地說清楚為何他與金融廳會如此勢不兩立。

很多朋友都向我提出忠告：「最好趕快抽身。」

然而，一想到我辭去外部執行董事的工作會給客戶、存戶、工作人員帶來困擾，就覺得站在道義上不能說走就走。因為日本振興銀行確實是一家為中小企業著想的銀行。

我們這些外部執行董事沒有人想從經營銀行獲利，都是抱著為社會盡一份心力的情感而來。日本振興銀行是日本第一家發生存款理賠破產的銀行，非常不名譽，所以沒什麼好解釋的，我只想告訴各位，外部執行董事真的非常為難。

必須相信負責執行的董事，才能勝任外部執行董事的工作。平常並不是由自己做出經營上的判斷。因此，外部執行董事的任務，是信賴執行董事提交的資料，再運用自己擁有的知識，仔細分析文件上的數據，提供建議，將經營導上正軌。

正因為與執行董事之間互相信賴，外部執行董事才能發揮作用。問題是，萬一上述的文件或資料有誤……。東芝或奧林帕斯這些鬧出醜聞的企業也都有外部執行董事，他們的判斷也都是基於相信執行董事提出的文件及資料，但還是無法避免醜聞發生。

日本振興銀行的初心是為了幫助中小企業，所以才會有那麼多呆帳，再加上創辦人木村先生的考量，雖然遵循金融廳的方針，卻不是那麼聽話。所以金融廳來檢查的時候，被懷疑有逃避檢查或干擾檢查的嫌疑，被金融廳檢舉，終於搞到警方強制搜索，演變成刑事案件。負責偵辦的檢察官還同情地說：「外部執行董事好可憐啊！」

因為公司並未老實地向我們這些外部執行董事報告經營的真實情況。若說外部執行董事的使命就是要看穿這一點，我的確沒辦法反駁，所以就不再說我如果不親上火線，這件事就無法結束。」金融廳委託我召開記者會，說我如果不親上火線，這件事就無法結束。

我鼓起勇氣開了記者會。當時在場的日經新聞記者（我還在銀行上班的時候就認識他了）問我：「小畠先生，你當銀行員的時候，也曾因為醜聞站上風頭浪尖，這次又來了，會覺得自己命運乖舛嗎？」

原來如此，我明白了。我還在銀行上班時也被東京地檢署強制調查過，所以這次擔任日本振興銀行的外部執行董事被警視廳強制調查是第二次了。不是每個人都有這樣的經驗吧。

因此，我回答：「這不是運氣好或不好的問題，這是我的任務，所以只能誠實面對。」

歷經第二次熟人自殺與破產

從那天開始，每天都像坐雲霄飛車。我代替木村先生當上社長，朋友都說我接了一個燙手山芋，對我寄予同情，但我認為這時已經不能再退縮了。

外部執行委員平將明先生、律師T．A先生、會計師（業界的大佬，也很資深）S．M先生、經濟評論家（業界的大佬）A．M先生等人，全都正面迎戰這個問題，沒有人臨陣脫逃，想盡辦法為重建到處奔走。

然而，亂象一波接一波，像是木村先生與其他執行董事被捕，隨著業務內容的調查愈來愈深入，我整個人都呆住了，金融廳對我展開凌厲的追殺，感覺已經做好破產準備了。

木村先生創辦這家銀行並不是為了自己的私欲，聚集在這裡的員工也一樣，大家都是想幫助中小企業。外部執行董事也不例外。大家都不希望這家銀行倒閉，日以繼夜為此努力不懈。在這樣的情況下，外部執行董事律師T．A先生於二〇一〇年七月底自殺。

我太震驚了。他是我最仰賴的人。

自殺前一天，我們還在檢查業務內容，在律師事務所開會，深夜還去餐廳和相關人士吃飯，T．A先生也在場。T．A先生還很年輕，胃口也很好。

我點了海鮮義大利麵，他一下子就吃光自己的義大利麵，連我的也不放過，所以我又點了一盤海鮮義大利麵，他則正在和別人聊天。就在那個時候，正在吃義大利麵的我彷彿聽見「你遲早會明白我的決心。」

我問直接和他聊天的人是否聽見這句話，那個人卻說沒有，所以是我幻聽。但我清清楚楚地聽到他的聲音，或許是他的心聲也說不定。我們分開前還說明天也要繼續加油。第二天早上，他卻在家裡上吊自殺了。

為什麼？我想不通。這個打擊太大了。他家在目黑的方向，我非常後悔，為什麼不再跟他多聊一會兒。繼宮崎顧問後，他是第二個自殺的人。我才是那位憂鬱得想要自殺的人呀！

九月，他自殺的兩個月後，日本振興銀行宣告破產。一早就在顧問律師的事務所祕密商討破產的決定，由我向金融廳提出申請，還要小心不讓媒體發現。

然後，又得召開記者會。感謝許多認識的記者朋友都來採訪，比起究責，更多的是對我有利的提問。與我一同出席的奧野善彥律師見狀驚訝地說：「江上先生的支持者好多呀！」我很高興，也很慶幸自己從銀行員走到現在，一直以笨拙但誠實的態度待人處世。

然而，不幸還沒結束。外部執行董事A．M先生突然去世，我認為他是悲憤而死。他與木村先生的交情很好，所以也很信賴他，大概跟律師T．A先生一樣，感覺遭到背叛的憤怒，讓他縮短了生命。

我辭去了日本振興銀行的社長一職。以為這樣就能畫下休止符，以為每天被記者包圍、低頭賠罪的日子，終於可以告一段落，以為再也不會被左鄰右舍用異樣的眼光打量。

接二連三的不幸——被請求巨額賠償，房子遭到抵押

沒想到，不幸還在前方等著我。

二〇一一年八月某一天，妻子打開家門，連滾帶爬地尖叫著說：「孩子的爸，存款消失了！」

我完全不知道發生什麼事，打電話給銀行，銀行只告訴我，我的存款被扣押了。

「什麼！」我啞口無言。

我和平先生、會計師S・M先生、木村先生等人，一起被負責向日本振興銀行收回債權的整理回收機構，一狀告上法院，訴訟金額居然高達五〇億日圓！

我家和存款都被扣押了。

為了準備道歉記者會，我暫停了上電視及演講等所有工作，完全無計可施。幸好，只有寫作的工作沒取消，真是謝天謝地（雖然也有人因此向出版社抗議）。我很清楚這個社會就是你一旦低頭，就會被當成壞人看待。

也給妻子添了麻煩，就在我決定接下來要重整旗鼓時，沒想到是官司與扣押在前面等著我。

一般人不會遇到這種事吧！

奧野律師是擔任過整理回收機構代表的大人物，他非常憤慨地說：「這太過分了。」世界上有那麼多外部執行董事，也有那麼多公司破產，都沒有因為未善盡注意義務被告上法院，這是日本史無前例第一案，而且還動用到扣押……。金融廳的幹部也私底下對我們說：「不好意思。」我猜是因為能順利完成存款理賠，多虧有我們這些非執行董事幫忙整頓，所以才更覺得不好意思吧。

我幾乎要陷入「明明病」的魔障了。明明戒慎恐懼地活到五十七歲，卻沒了工作，存款和房子都被扣押，萬一輸掉官司，就只能「破產」了。五十七歲的人要怎麼東山再起。我明明是為了幫助別人，才撿起這顆燙手山芋的……。腦海中充滿了「明明、明明、明明」的回音。

可是事已至此，也只能面對現實。幸好在奧野律師的介紹下，得到梶谷綜合法律事務所實力堅強律師們的幫助，才能勇於面對訴訟。

當時還活著的外部執行董事只剩下我和平先生、S・M先生等三人，所以一起被告，要我們為破產負責。就結果來看，若說外部執行董事沒有發揮作用倒也沒錯，但我認為我們並未怠慢盡應的監督責任，只是結果終究無法盡如人意。而且我並不是為了一己之私，為什麼會遇到這種事。我雖然接受現實，但還是悔恨不已。

二〇一五年七月，法官勸我們以六千萬圓與對方和解，這個金額對我來說無疑是天文數字，但三個人討論後，決定接受和解建議，因為S．M先生的身體已經無法再承擔壓力了，平先生和我也想早點擺脫這場官司，重新再出發。

官司結束了。

所謂的知天命是接受自己選擇的人生

寫了這麼多自己以前的事情，各位大概會覺得這人生真糟，真是充滿挫折的人生。

但**我得到的結論是「人生不會白費」**。

多虧了日本振興銀行的問題，以奧野律師為首，得以和許多實力堅強的律師成為朋友，目前仍保持密切往來。

自民黨議員平將明是我的戰友。

與金融廳的幹部也成了好朋友，至今仍不時交換情報，他們教會我許多事。當時最辛苦的工作人員如今都在各個領域表現出色，現在也還有在聯絡。還有在我最艱難的時刻，毫不戀棧地拋開大機構代表的職位，助我一臂之力的Y先生（目前是上市公司的專務董事），全家人都跟我們家過從甚密。

我的確在金錢上、精神上都受到重創，卻得到更多收穫。一定要這麼想才行。但這是真的。可以的話，當然是不要捲入風波的人生比較幸福，但是既然被捲入，也只能認命，誠實地面對。

至於**「天命」該說是達觀，還是什麼呢？也許是接受自己選擇的人生吧**。但人生不完全是自己的選擇，像哥哥姊姊的死就不是我的選擇。同理，既然哥哥姊姊英年早逝，就不能讓父母再承受相同的痛苦，這是我的選擇。

人生在世，眼前會出現各式各樣的道路，必須瞬間做出選擇。事後回想起來，可能有很多後悔的事，也會有很多幸福的事，但終究是自己選擇的道路。既然是自己選擇的道路，怪別人也於事無補，只能自己承受，走在自己選擇的路上。唯有到死才能停下腳步，所以只能一直走下去。

人生就像跑馬拉松也說不定，只能朝終點（死）奔去。可是那條路線並不是主辦單位決定的，而是你自己的選擇。五〇歲不就是面對這種事也能泰山崩於前而色不改的年紀嗎？這就是所謂的「知天命」吧。

老子說：「為無為，事無事，味無味。」

我不是很了解其意，但大約是說人到了五〇歲，就不要再汲汲營營地盤算、不要獨占成果、不要好大喜功，而是要彷彿什麼事都沒有發生過地平穩前進。

這跟「知天命」其實是同樣的意思不是嗎？

天曉得我們還能活多久，可是在坐五望六的現在，想必已經沒有太多時間了。我只想好好地接受各種發生在生命裡的事，平靜地走到人生盡頭。相信什麼事都不做，就等於什麼事都辦得到……。

結語
五十而知天命

國家圖書館出版品預行編目(CIP)資料

五〇歲之壁 / 江上剛作. -- 初版. -- 新北市：文經社, 2019.06
面；　公分. -- (文經文庫 ; 324)
譯自：会社人生、五十路の壁 ： サラリーマンの分岐点
ISBN 978-957-663-776-6(平裝)

1.成功法 2.生活指導
177.2　　108006715

文經社

文經文庫 324

五〇歲之壁

原　　著　江上剛
譯　　者　賴惠鈴
責任編輯　謝昭儀
校　　對　王姵文、謝昭儀
封面設計　倪旻鋒
版面設計　洸譜創意設計股份有限公司
出 版 社　文經出版社有限公司

地　　址　241新北市三重區光復路一段61巷27號11樓（鴻運大樓）
電　　話　(02)2278-3158、(02)2278-3338
傳　　真　(02)2278-3168
E－mail　cosmax27@ms76.hinet.net

印　　刷　永光彩色印刷股份有限公司
法律顧問　鄭玉燦律師　　電　　話— (02)291-55229

發 行 日　2019年06月 初版一刷
定　　價　新台幣350元
